Dedico este libro

*:*_____

Deseándote que el Dios Todopoderoso te Bendiga en todas las áreas de tu vida.

*Atte.:*_____
Pastor Ernesto Cuevas

"Oirá el sabio y aumentará el saber, y el entendido adquirirá consejo".

Proverbios 1:05

DIOS HONRA A LOS QUE LE HONRAN

PASTOR ERNESTO CUEVAS

Pastor Ernesto Cuevas
Todos los derechos reservados. No se autoriza la reproducción de este libro ni de parte del mismo, en forma alguna. Tampoco puede ser archivado bajo ningún medio electrónico, fotocopia, mecánico, grabación u otro, sin el previo permiso por escrito del autor.

Todos los textos han sido tomados de la Biblia Reina Valera 1960
© Copyright 2017

Título de la obra:
Dios honra a los que le honran

Nombre del autor:
Pastor Ernesto Cuevas

ISBN:
978-9945-481-85-3

Colaboración:
Genaro Familia

Diagramación:
Julissa Javier

Diseño de Portada:
Argenis Piñeyro Rodríguez

Primera Edición
Septiembre de 2017

Segunda Edición
Junio de 2018

Impresión:
Editora Centenario, S.R.L.
Av. Monumental No. 6, Cristo Redentor
Tels.: 809-560-6322 / 809-560-6465
E-mail.: serviciocentenario@gmail.com

Impreso en República Dominicana
Printed in Dominican Republic

Contenido

Dedicatoria.. 7
Agradecimiento 9
Prólogo.. 13
Introducción... 15
Capítulo I
    Caín y Abel.. 21
Capítulo II
    "Dios exige honra"... 33
Capítulo III
    Consecuencias de no honrar a Dios..................... 41
Capítulo IV
    Dios honra a los que le honran 55
Capítulo V
    Maneras en que podemos honrar a Dios 71
Capítulo VI
    Dios me ha honrado 109
Capítulo VII
    El diezmo.. 115

Dedicatoria

Dedico este libro, fruto de la obra del Santo Espíritu de Dios, a todos aquellos que se han propuesto honrar a su Dios quien es nuestro Padre Celestial.

A hombres y mujeres que buscan la manera de cómo agradar a Dios, como lo hizo Abel, el primer hombre que conquistó Su corazón con una ofrenda.

A todos aquellos que en esta generación marcarán la diferencia, porque se esforzarán para honrar a Dios.

A los que no se conforman solo con llamarse cristianos porque saben que el Reino de los Cielos sufre violencia y sólo los violentos lo arrebatan.

Agradecimiento

Doy gracias, ante todo al Espíritu Santo, que es la fuente de toda sabiduría, quien fue inspiración para escribir este libro.

A mi esposa Mercedes Globelis de Cuevas por apoyarme en el ministerio y porque ha sido una ayuda idónea.

A mis tres hijos: Elías, Ismael y David.

A mis padres: Manuel Cuevas y Meregilda Bautista, quienes siempre nos ayudan con sus oraciones. En especial, a mi suegra Celina Jiménez Caraballo, quien por igual, perseverantemente nos cubre con sus oraciones.

A mi pastor: Frank Ozuna, a quien honraré hasta la muerte, porque fue mi mentor; el que Dios usó para formarme.

Al pastor Pedro Piñeyro por su apoyo incondicional en mi ministerio.

Al co-pastor Diego Martínez.

Al cuerpo oficial de ancianos, los diáconos, ujieres y a cada uno de los miembros de la iglesia.

A Genaro Familia por haber sido el instrumento que Dios usó para motivarme a escribir este libro, por sus consejos y asesoría.

En especial quiero agradecer al evangelista Isidro Quiñones, por su apoyo incondicional en nuestro ministerio.

A todos los pastores, evangelistas y ministros, que de una manera u otra han apoyado nuestro ministerio.

A todas las personas que se mantienen orando por mí, dentro y fuera del país, para que Dios me use para su gloria.

Gracias.

Dios honra a los que le honran

"*El secreto de la prosperidad Cristiana*" está en la honra a Dios.

Malaquías 1:6 dice: *"El hijo honra al padre, y el siervo a su señor. Si, pues, soy yo padre, ¿dónde está mi honra?"*.

1 Samuel 2:30 dice: *"Porque yo honraré a los que me honran, y los que me desprecian serán tenidos en poco"*.

Pastor Ernesto Cuevas

Prólogo

Dios honra a los que le honran, es el libro que nace como resultado de la visión y la experiencia del pastor Ernesto Cuevas, el cual ha sido un instrumento útil en las manos del Señor, y a través del cual muchas vidas han sido edificadas sobremanera.

En esta obra el pastor Ernesto Cuevas revela la estructura y el diseño del concepto "honra", nos presenta el testimonio de su propia experiencia como ministro de la palabra, pero también nos presenta el testimonio visible bajo el marco de personajes bíblicos, tales como Cain y Abel, también nos ayuda a entender las dimensiones de la honra desde el punto de vista de lo que Dios exige, y la manera en la que debemos honrar, y los resultados de ser obediente al mandamiento de honrar. Estoy convencido de que todo aquel que se sumerja en el mensaje revelado en este libro, será edificado de tal manera que honrar formará parte de su naturaleza, y consecuentemente experimentará como resultado final, la bendición de ser honrado por el Todopoderoso. Si Dios Marcó la vida del pastor Ernesto cuevas para escribir este libro, también marcará la suya al leerlo.

Sirva este libro como instrumento de Dios para ayudar a levantar hombres y mujeres que glorifiquen su nombre.

Lic. Genaro Familia

Introducción

"Dios honra a los que le honran"

En el año 1990, cuando el Señor me llama a su camino, Dios me permitió experimentar un encuentro con Él, que me marcó para siempre.

Empezando a leer el libro de los Salmos encontré un pasaje que dice: *"Haz resplandecer tu rostro sobre tu siervo"* Salmo 119:135.

Este pasaje me llamó la atención y lo hice mío, parte de mi oración. Empecé a orar al Señor diciéndole: haz resplandecer tu rostro sobre mí.

El primer día oré y no pasó nada. El segundo día oré y tampoco sucedió nada, vencido por el sueño, me acosté y el Señor me despertó a la una de la madrugada. No tenía sueño, solo un hambre por su presencia y un deseo ardiente de tener un encuentro con Él.

Me levanté a orar, a bendecir al Señor, y tiempo después me empezó un fuerte dolor de estómago y una fuerte náusea. No podía hablar, empecé a sentir frío, y le dije al Señor: "que no podía seguir orando de rodillas, que me sentía muy mal, que por favor viniera y me sanara o enviara un ángel a hacerlo.

Me acosté y no pasaron dos minutos cuando una luz blanca empezó a iluminar y llenar mi habitación. Estaba acostado de lado, con el rostro en dirección a la pared y pude notar que la luz que me iluminaba venía de alguien que estaba parado detrás de mí.

Mi corazón se aceleró, tenía miedo, sabía que era un ángel que el Señor había enviado a sanarme, o que el Señor mismo estaba allí, me llené de valor y dije: "quiero ver, quién está detrás de mí".

Cuando intenté girar para verlo no pude, porque aquel personaje que estaba allí conmigo, me había paralizado el cuerpo. Tres veces intenté girar para verlo, pero no me lo permitió, entonces le dije: "Señor si eres Tú ¿Por qué no quieres que te vea?". Entonces la luz se opacó un poco, y se reflejó en la pared el rostro del Señor.

Dios honra a los que le honran

El personaje que vi tenía ojos hermosos y su nariz perfilada, barba y el pelo hasta los hombros.

Luego, otro personaje apareció al lado del primer rostro. Su pelo era corto y tenía barba corta, un rostro con una hermosa apariencia. Sentí que un poder cayó sobre mi cuerpo y el Señor empezó a sanarme. Cuando me sanó, la luz empezó a opacarse nuevamente, hasta que desapareció, entonces me giré rápidamente para verlo, pero ya se había ido.

Estaba ansioso que amaneciera para contarle a todos lo que me había ocurrido.

Le conté a mi novia (hoy es mi esposa) lo que me había pasado y ella me preguntó: "¿Tú te has mirado hoy en el espejo?" Y le dije que no. Entonces me dijo: "mírate, porque tu rostro está más claro".

¡Dios mío, no lo podía creer! Mi rostro, tenía un brillo diferente, por la luz del que estaba en mi habitación, entonces me acordé de aquel Salmo 119:135: *"haz resplandecer tu rostro sobre tu siervo"*. El Señor me había contestado mi oración.

1 Samuel 2:30 dice: *"Porque yo honraré a los que me honran, y a los que me desprecian serán tenidos en poco".*

En los años que tengo buscando y sirviendo al Señor, Dios me ha revelado algunos principios que están escritos en su Palabra para bendecir a su pueblo.

Pero algunos desconocen esta gran verdad y por eso no pueden ser honrados por el Señor.

Debemos saber que nuestro Dios es un ser que: Piensa, tiene gustos, ve, oye, habla, puede decir que sí y puede decir que no.

Mi propósito en este libro es despertar en usted el deseo de honrar al Señor y ayudarle a entender que una vez usted lo haya honrado, le aseguro por su Palabra que no quedará sin que Él también le honre.

Dios cumplirá su promesa sobre usted, sobre su familia y sobre todo lo que tiene. Él es fiel a su Palabra porque no es hombre para que mienta, ni hijo de hombre para que se arrepienta. En **Números 23:19** *"Él dijo, ¿y no hará? Habló, ¿y no lo ejecutará?".*

Soy testigo de esto porque me ha demostrado, a través de los años, que Él es fiel, que el deseo de nuestro Padre Celestial es honrar a sus hijos y si Él lo hizo conmigo, estoy seguro que lo hará contigo.

"Dios me ha honrado".

Capítulo I
Caín y Abel

En el libro de Génesis hay una historia de dos personajes que tiene mucho que enseñarnos: Caín y Abel. Ellos quisieron agradar a Dios, pero Caín, desconocía que Él merece ser honrado con lo primero, con lo mejor de nuestras vidas.

Génesis 4:3-8 dice: *"Y aconteció andando el tiempo, que Caín trajo del fruto de la tierra una ofrenda a Jehová. Y Abel trajo también de los primogénitos de sus ovejas, de lo más gordo de ellas, y miró Jehová con agrado a Abel y a su ofrenda. Pero no miró con agrado a Caín y a la ofrenda suya. Y se ensañó Caín en gran manera, y decayó su semblante. Entonces Jehová dijo a Caín: ¿Por qué te has ensañado, y porqué ha decaído tu semblante? Si bien hicieres, ¿no serás enaltecido? Y si no hicieres bien, el pecado está a la puerta; con todo esto, a ti será su deseo, y tú te enseñorearás de él. Y dijo Caín a su hermano Abel: salgamos al campo. Y aconteció que estando ellos en el campo, Caín se levantó contra su hermano Abel, y lo mató".*

Ellos querían honrar a Dios con sus ofrendas.

Estos dos personajes representan al pueblo de Dios en este tiempo que, vienen delante de Él cada semana para traerle sus ofrendas con el fin de agradarle y honrarle, y a la vez ser bendecido por El. Pero hay dos actitudes: una correcta, que es la que Dios aprueba, y una incorrecta, que es la que Dios desecha, porque no le honra.

La actitud está en el corazón, por eso si nuestro corazón está sano y andando en rectitud, nuestras ofrendas serán agradables delante del Señor.

Génesis 4:2 dice: *"Después dio a luz a su hermano Abel. Y Abel fue pastor de ovejas, y Caín fue labrador de la tierra".*

Cada uno de ellos tenía profesiones diferentes:

1) Abel fue pastor de ovejas

2) Caín fue labrador de la tierra.

El problema no estaba en el tipo de ofrenda que cada uno de ellos trajo al Señor, sino en la actitud del corazón.

Dios espera que nosotros le honremos con el fruto de nuestras manos para bendecirnos.

Abel trajo a Dios de lo que él tenía y de lo que él sabía hacer y lo mismo hizo Caín, trajo de lo que tenía y de lo que sabía hacer.

Génesis 4:3 dice: *"Caín trajo del fruto de la tierra una ofrenda a Jehová".*

Génesis 4:5 *"Pero Dios no miró con agrado a Caín y a la ofrenda suya".*

Fíjese bien, lo primero que Dios vio fue a Caín y luego vio su ofrenda, porque lo primero que Dios ve es al ofrendante y luego ve la ofrenda.

Creo que Caín quería agradar al Señor pero no usó la manera correcta; porque lo que él trajo tenía defecto, no fue lo mejor de su cosecha, no fue lo primero.

En **Deuteronomio 26:1-2:** leemos que Dios le ordenó a Moisés enseñar al pueblo a traer las primicias de todos sus frutos a la casa de Jehová.

"Las primicias de todos sus frutos"

La palabra primicias es lo primero y lo mejor, Dios exige de nosotros lo primero y lo mejor, no porque lo necesita, porque todo es de Él, sino porque quiere utilizar un medio, un argumento, una semilla de tus manos para bendecirte.

Cada pasaje de la Biblia se ha escrito para enseñarnos, para instruirnos y para corregirnos en amor.

El **Salmo 24:1** dice: *"De Jehová es la tierra y su plenitud, el mundo y los que en el habitan".*

Todo lo que hay en esta tierra es de Dios, usted mismo le pertenece, Él es el Dios Todopoderoso, el Shaddai, el Dios que provee y sustenta todas las cosas.

Génesis 4:5 dice: *"Pero no miró Dios con agrado a Caín y a su ofrenda".*

Caín viene delante del Señor con su ofrenda, pero dice la Palabra que Dios no miró con agrado a Caín. ¿Por qué? ¿Qué pasó? ¿Por qué Dios no miró con agrado a Caín? Porque Caín no trajo lo primero y lo mejor, a Dios no le gustó su ofrenda y no le agradó su actitud.

Lo primero que Dios desechó fue a Caín. Si nuestra actitud hacia Dios no es la correcta, lo mismo sucederá con nuestras ofrendas.

1 Samuel 2:30 dice: *"Porque yo honraré a los que me honran y los que me desprecian serán tenidos en poco".*

El deseo de Dios es honrarte, pero debes tener la actitud correcta. Cuando Dios corrigió a Caín para que cambiara su actitud y mejorara su ofrenda, en vez de aceptar la corrección en amor y en humildad. Caín se ensañó, se enojó en gran manera con Dios y sintió envidia de Abel, y por eso lo mató.

En **Génesis 4:6** Dios le hace una pregunta a Caín y le dice: *¿Por qué te has ensañado, y por qué ha decaído*

Dios honra a los que le honran

tu semblante?" Si bien hicieres, ¿no será enaltecido? y si no hicieres bien, el pecado está a la puerta; con todo esto, a ti será su deseo y tú te enseñoreará de él.

Dios, como un Padre bueno que quiere lo mejor para sus hijos, le preguntó: *"¿Por qué te enojas? ¿Porqué ha decaído tu semblante?"*

E Señor quería enseñarle a Caín a hacer las cosas bien para poder bendecirlo y le dice: "si bien hicieres ¿no serás enaltecido?".

Dios quería bendecir y honrar a Caín, por eso quiso corregirlo en amor para que cambiara su actitud. El Señor advirtió a Caín para que no fuera rebelde sino humilde y aceptara la corrección, por eso le dijo: *"el pecado está a la puerta, no te dejes dominar de él"*.

Un espíritu rebelde: Caín tenía un espíritu rebelde, este espíritu no acepta consejo, no se somete, no se humilla, no reconoce sus faltas, es egoísta y envidioso.

Este espíritu se está moviendo en este tiempo, en mucha gente.

Es necesario quebrantar este espíritu y someterlo en el nombre de Jesús, para que Dios reine y gobierne en nuestras vidas.

La rebeldía hizo que Caín matara a su hermano Abel, porque no pudo soportar que Dios lo aceptara y lo bendijera, porque Caín estaba lleno de odio y de envidia.

Caín, en vez de ser bendecido, el Señor tuvo que maldecirlo, porque se dejó dominar por el pecado.

La maldición de Caín:

Génesis 4:11-15 dice: *"Ahora, pues, maldito seas tú de la tierra, que abrió su boca para recibir de tu mano la sangre de tu hermano. Cuando labres la tierra, no te volverá a dar su fuerza; errante y extranjero serás en la tierra. Y dijo Caín a Jehová: Grande es mi castigo para ser soportado. He aquí me echas hoy de la tierra, y de tu presencia me esconderé y seré errante y extranjero en la tierra: y sucederá que cualquiera que me hallare, me matará. Y le respondió Jehová: Ciertamente cualquiera que matare a Caín, siete veces será castigado. Entonces Jehová puso señal en Caín, para que no lo matase cualquiera que le hallara".*

Por la rebeldía que había en el corazón de Caín y por el pecado que había cometido, Dios tuvo que castigarlo. Cuando el Señor le declara que lo iba a castigar por su pecado y el castigo que le iba a imponer, Caín en vez de reconocer sus faltas, se volvió más rebelde y le dijo al Señor: *"He aquí me echas hoy de la tierra y de tu presencia me esconderé"*. Nadie puede altercar contra Dios, porque sería como el choque del huevo y la piedra.

Si yo hubiese estado en el lugar de Caín, me hubiese humillado y arrepentido delante del Señor, con lloro, ayuno y cilicio, hasta que me perdone.

Pero el espíritu de Caín, que es un espíritu rebelde, no se humilla, no reconoce sus faltas y sus errores.

Caín le dice a Dios: *"De tu presencia me esconderé"*; nadie puede esconderse, ni huir de la presencia de Dios, porque su presencia cubre los cielos y la tierra.

Salmo 139:07-10 dice: *"¿A dónde me iré de tu Espíritu? ¿A dónde huiré de tu presencia? Si subiera a los cielos, allí estás tú: Si en el Seol hiciere mi estrado, he aquí allí tú estás. Si tomare las alas del alba y habitare en el extremo del mar, Aún allí me guiará tu mano y me asirá tu diestra".*

Nadie se puede esconder, ni huir de su presencia. Sin embargo, lo que Caín está expresando es: no voy a invocar tu nombre. Me voy a alejar de Ti. Andaré en mis propios caminos. No te serviré.

Esta es la misma actitud que toma una persona cuando decide descarriarse, se aleja de la iglesia, de los hermanos, del pastor, porque quiere huir de todo lo que envuelve la presencia del Señor. Toda esta consecuencia le vino a Caín, por causa de su ofrenda.

La actitud de Abel:

En **Génesis 4:4** dice: *"Abel trajo también de los primogénitos de sus ovejas, de lo más gordo de ellas. Y miró Jehová con agrado a Abel y a su ofrenda".*

La actitud de Abel fue muy diferente a la de Caín, la Biblia es clara cuando habla de la ofrenda de Abel.

1) Abel trajo, de los primogénitos de sus ovejas.

Abel era pastor de ovejas, el tenía un rebaño del cual decidió dar una ofrenda a Jehová. Abel tomó de los primogénitos de sus ovejas, tomó de los primeros corderos que había parido su rebaño, porque quería darle a Dios la primicia.

2) Abel tomó de lo más gordo de ella.

Abel no solo tomó de lo primero, sino que también de lo más gordo, el buscó para Dios entre sus ovejas, de las más bonitas y cuando la encontró entonces dijo, *"ésta es para Dios"*. Esta actitud de Abel es la que Dios aprueba, cuando nosotros decidimos en nuestros corazones darle lo mejor y lo primero a Dios.

Dios exige lo primero y lo mejor de nosotros.

En **Éxodo 13:2** *"Jehová le dijo a Moisés: Conságrame todo primogénito. Cualquiera que abre matriz entre los hijos de Israel, así de los hombres como de los animales mío es".*

Dice: *"y miró Jehová con agrado a Abel y a su ofrenda".*

Dios aceptó a Abel y a su ofrenda por la actitud que él tomó hacia Dios, de querer honrarlo con lo primero y con lo mejor. La ofrenda de este hombre agradó tanto a Dios que, aun después de muerto, Dios habla de Abel y de su ofrenda.

Hebreo 11:4 dice: *"Por la fe Abel ofreció a Dios más excelente sacrificio que Caín, por lo cual alcanzó testimonio de que era justo, dando Dios testimonio de sus ofrendas: y muerto, aún habla por ella".*

"Dios honra a los que le honran"

1 Samuel 2:30 dice: *"Por tanto, Jehová el Dios de Israel dice: yo había dicho que tu casa y la casa de tu padre andarían delante de mi perpetuamente; mas ahora ha dicho Jehová: nunca yo tal haga, porque yo honraré a los que me honran y los que me desprecian serán tenidos en poco".*

Dios nos pide honra, pero Él también quiere honrarte. Dios ha hecho un compromiso en su Palabra, de honrar a todos aquellos que le honran.

Dios dijo: *"porque yo honraré a los que me honran y los que me desprecian serán tenidos en poco"*.

Dios quiere honrarte, ese es su deseo, pero no solo depende de Él, sino de ti, de tu actitud hacia Él, de querer honrarlo.

Capítulo II
"Dios exige honra"

Malaquías 1:06-10 dice: *"El hijo honra al padre y el siervo a su señor. Si, pues soy yo padre. ¿Dónde está mi honra? Y si soy señor ¿Dónde está mi temor? dice Jehová de los ejércitos a vosotros, oh sacerdotes, que menospreciáis mi nombre. Y decís: ¿en que hemos menospreciado tu nombre? En que ofrecéis sobre mi altar pan inmundo y dijisteis: ¿en qué te hemos deshonrado? En que pensáis que la mesa de Jehová es despreciable. Y cuando ofrecéis el animal ciego para el sacrificio, ¿no es malo? Así mismo cuando ofrecéis el cojo o el enfermo, ¿no es malo? Preséntalo, pues a tu príncipe; ¿acaso se agradará de ti, o le serás acepto? dice Jehová de los Ejércitos. Ahora, pues, orad por el favor de Dios, para que tenga piedad de nosotros. Pero ¿Cómo podéis agradarle, si hacéis estas cosas? dice Jehová de los ejércitos. ¿Quién también hay de vosotros que cierre las puertas o alumbre mi altar de balde? Yo no tengo complacencia en vosotros, dice Jehová de los Ejércitos, ni de vuestra mano aceptaré ofrendas".*

En estos pasajes de Malaquías, Dios está reclamando algo que le pertenece: la honra. Dios le dice a su pueblo: *"si yo pues soy vuestro padre ¿dónde está mi honra, y si yo soy Señor. ¿Dónde está mi temor?"*

Dios no se sentía conforme con Su pueblo porque no lo estaba honrando. Se sentía menospreciado y por eso Su pueblo estaba en maldición.

Dios no podía honrarlos, porque ellos no estaban honrando al Señor. El les dice: "Ahora pues, orad por el favor de Dios, para que tenga piedad de vosotros".

El no honrar a Dios, es un pecado del cual tenemos que arrepentirnos, para que el favor y la misericordia de Dios nos alcance.

Malaquías 1:6 dice: *"El hijo honra al padre y el siervo a su Señor. Si pues soy yo padre, ¿dónde está mi honra?"*.

El gozo más grande para un padre, es el ser honrado por sus hijos. La mayor satisfacción para un señor, es ser honrado por sus siervos.

Yo como padre de tres hijos que Dios me ha regalado, reconozco que no hay un gozo mayor que un hijo me pueda dar, que el de honrarme y respetarme.

Dios honra a los que le honran

Todo padre anhela ser honrado y respetado por sus hijos y cuando esto sucede, ¿Qué no haríamos nosotros por ellos?

En Mateo 7:9-11 dice: *"¿Qué hombre hay de vosotros, que si su hijo le pide pan, le dará una piedra? ¿O si su hijo le pide un pescado, le dará una serpiente? Pues si vosotros, siendo malos, sabéis dar buenas dádivas a vuestros hijos, ¿Cuánto más vuestro padre celestial que está en los cielos dará buenas cosas a los que le pidan?"*

Jesús nos enseñó que nuestro Padre Celestial es bueno y que no hay un padre sobre la tierra que pueda igualar Su amor y Su misericordia. Lo que Jesús esta diciendo es: *"Si ustedes siendo malos, les dan lo mejor a sus hijos ¿Cuánto más mi padre celestial que es bueno?"*

• Nunca el ser humano podrá igualarse a Dios, yo reconozco que Él es bueno, que Él es fiel y que Su amor sobrepasa todo entendimiento.

• Su amor es tan grande: que es capaz de alcanzar al más vil pecador, perdonarlo, limpiarlo y restaurarlo.

• Él es fiel; la fidelidad de Dios es tan grande que aun cuando somos infieles el permanece fiel.

El deseo de Dios es bendecirte, pero Él no puede honrar a alguien que no le honra, por eso dice: *"El que me desprecia será tenido en poco"*.

En **Malaquías 1:8,** encontramos el reclamo de Dios contra su pueblo, porque lo que le estaban dando como ofrenda era lo que no servía. El pueblo le estaba ofreciendo a Dios en sacrificio: El animal ciego, el animal cojo y el animal enfermo.

Entonces Dios reprende al pueblo y le dice: *"tráele esos animales a tu príncipe". ¿Acaso se agradaría de ti? ¿O le será acepto? Dice Jehová de los Ejércitos.*

En **Malaquías 1:9** el Señor le preguntó a su pueblo: *"¿Cómo podéis agradarme si hacéis estas cosas?".*

El deseo de Dios es que Su pueblo le honre; es que Su pueblo le agrade, para El poder bendecirle.

Pero, ¿Cómo podremos agradar a Dios si lo que le traemos a su casa no sirve, no le honra?

Nuestro trabajo en el Señor no es en vano.

En **Malaquías 1:10,** el Señor le pregunta a su pueblo: *¿Quién también hay de vosotros que cierre las puertas o alumbre mi altar de balde?*

Dios le hace esta pregunta a Su pueblo, porque sabe que nadie que trabaja para El quedará sin ser bendecido.

Dios honra a los que le honran

Todo el que trabaja para Dios, será bendecido en esta tierra, y al final tendrá la vida eterna.

En **Marcos 10:29-30,** Jesús dijo: *"De cierto os digo que no hay ninguno que haya dejado casa, o hermanos, o hermanas, o padre, o madre, o mujer, o hijos, o tierras, por causa de mí y del evangelio. Que no reciba cien veces más ahora en este tiempo; casas, hermanos, hermanas, madres, hijos y tierras, con persecuciones; y en el siglo venidero la vida eterna".*

El Señor nos promete en su Palabra que todo aquel que trabaje para El será recompensado. Y que todo aquel que renuncia a algo en esta tierra, por causa de Él y del Evangelio, recibirá cien veces más ahora y al final la vida eterna.

1Samuel 2:30 dice: *"Por tanto, Jehová el Dios de Israel dice: Yo había dicho que tu casa y la casa de tu padre andarían delante de mí perpetuamente; mas ahora ha dicho Jehová: Nunca yo tal haga, porque yo honraré a los que me honran, y los que me desprecian serán tenidos en poco".*

Estas palabras fueron declaradas a Elí el sumo sacerdote, por medio de un varón de Dios que venía de parte de Jehová.

Dios Honró a Elí:

Elí era el sumo sacerdote de aquel entonces. Ser sumo sacerdote era un privilegio, porque no todos podían serlo, pues había una serie de requisitos de parte del Señor para ocupar esta posición.

Ser el sumo sacerdote era una honra delante del Señor, y delante del pueblo, porque este hombre era en aquel entonces, el único que podía entrar al lugar Santísimo donde estaba el arca del pacto, y sobre la cual moraba la presencia misma del Señor, y no morir.

Elí era el representante de Dios sobre la tierra, todo el que quería consultar a Dios y pedir perdón por sus pecados tenía que ir donde Elí. Él oraba por esa persona y ofrecía su ofrenda y Dios perdonaba al pecador.

Elí era el administrador del templo, el administraba todas las ofrendas de la casa de Israel, todas las primicias de la tierra, los animales que eran traídos al templo y todos los diezmos que traía el pueblo a la casa de Dios.

Por eso Dios le dice a Elí, a través de su profeta, en **1Samuel 2:28** *"Yo le di a la casa de tu padre todas las ofrendas de los hijos de Israel".*

Lo que Dios le está diciendo es: Yo te he honrado, te he bendecido, te he dado autoridad, riquezas, posición, fama y tú no me has honrado.

Capítulo III
Consecuencias de no honrar a Dios

En **1 Samuel 2:29** Dios le dice: *"has honrado a tus hijos más que a mí"*.

Dios no se sentía honrado por Elí.

Cuando Dios nos honra y no lo honramos como Él se merece, vendrá maldición sobre nuestras vidas.

1Samuel 2:31-36 dice: *"He aquí, vienen días en que cortaré tu brazo y el brazo de la casa de tu padre, de modo que no haya anciano en tu casa. Verás tu casa humillada, mientras Dios colma de bienes a Israel; y en ningún tiempo habrá anciano en tu casa. El varón de los tuyos que yo no corte de mi altar, será para consumir tus ojos y llenar tu alma de dolor; y todos los nacidos en tu casa morirán en la Edad viril. Y te será por señal esto que acontecerá a tus dos hijos, Ofni y Finees: ambos morirán en un día. Y yo me suscitaré un sacerdote fiel, que haga conforme a mi corazón y a mi alma; y yo le edificaré casa firme, y andará delante* *de mi ungido todos los días. Y el que hubiere quedado en tu casa vendrá a postrarse delante de él por una moneda de plata y un bocado de pan, diciéndole: Te ruego que me agregues a alguno de los ministerios, para que pueda comer un bocado de pan".*

Jehová castigó a Elí, y a su descendencia, por no haber honrado a Dios. La maldición cayó sobre él y sobre su casa.

Jehová le quitó el sacerdocio y puso a otro en su lugar y sus dos hijos murieron en un mismo día.

1Samuel 4:17-18 dice: *"Y el mensajero respondió diciendo: Israel huyó delante de los Filisteos, también fue hecha gran mortandad en el pueblo; También tus dos hijos, Ofni y Finees, fueron muertos, y el arca de Dios ha sido tomada. Y aconteció que cuando él hizo mención del arca de Dios, Elí cayó hacia atrás de la silla al lado de la puerta, y se desnucó y murió".*

Los planes de Dios para con Elí eran tan hermosos; el deseo de Dios era que cuando Elí muriera, sus hijos ocuparan su lugar, que nunca faltara de su descendencia alguien que ministrara en el altar.

En **1Samuel 2:30** Jehová le dice: *"Yo había dicho que tu casa y la casa de tu padre andarían delante de mi perpetuamente; mas ahora ha dicho Jehová: Nunca yo tal haga".*

Dios honra a los que le honran

Este era el deseo de Dios para con Elí y su casa: que andaran delante de Él perpetuamente y bendecidos, pero ahora vemos a Dios cambiando de opinión, no porque Él se equivoca, sino porque nosotros, con nuestras actitudes hacia Él, hacia su presencia, podemos hacer que confirme lo que nos ha dicho, o que cambie de opinión.

Elí y sus hijos murieron en un mismo día. Elí y su familia tuvieron un final muy triste, porque Dios lo desechó del sacerdocio, los cortó del ministerio.

Creo en mi corazón que este no era el deseo de Dios para Elí y sus hijos, pero se cosecha lo que se siembra.

El Rey Saúl no honró a Dios

Lo mismo que le pasó a Elí, le pasó también al rey Saúl, Dios le desechó después de haberle escogido, porque no le honró a Él ni a su palabra.

Ahora bien al analizar la historia de Saúl veremos algunos detalles importante:

1Samuel 9:1-2 y del 15-17 dice: *"Había un varón de Benjamín, hombre valeroso, el cual se llamaba Cis, hijo de Abiel, hijo de Zeror, hijo de Becorat, hijo de Afía, hijo de un benjamita. Y tenía él un hijo que se llamaba Saúl, joven y hermoso. Entre los hijos de*

Israel no había otro más hermoso que él, de hombros arriba sobrepasaba a cualquiera del pueblo".

"Y un día antes que Saúl viniese, Jehová había revelado al oído de Samuel, diciendo: Mañana a esta misma hora yo enviaré a ti a un varón de la tierra de Benjamín, al cual ungirás por príncipe sobre mi pueblo Israel, y salvará a mi pueblo de mano de los Filisteos; porque yo he mirado a mi pueblo, por cuanto su clamor ha llegado hasta mí. Y luego que Samuel vió a Saúl, Jehová le dijo: he aquí este es el varón del cual te hablé, este gobernará a mi pueblo".

1Samuel 10:1 *"Tomando entonces Samuel una redoma de aceite, la derramó sobre su cabeza, y lo besó, y le dijo: ¿no te ha ungido Jehová por príncipe sobre su pueblo Israel?"*

Cuando Dios llamó a Saúl y lo escogió, Saúl no era nadie, no tenía fama, no tenía riquezas, no tenía posición, era un don nadie.

Esto se describe claramente en 1Samuel 9:21 donde el mismo Saúl reconoce lo que él era, cuando Dios lo escogió: Saúl respondió y dijo: ¿no soy yo hijo de Benjamín, de la más pequeña de las tribus de Israel? Y mi familia ¿no es la más pequeña de todas las familia de la tribu de Benjamín? ¿Por qué, pues me has dicho cosa semejante?

Dios honra a los que le honran

Saúl pasó de la noche a la mañana, de ser un don nadie, a ser rey sobre el pueblo de Israel. Dios le dio fama, riquezas y poder, pero Saúl no honró a Dios ni a Su Palabra y por eso fue desechado.

La historia de la vida de Saúl, tuvo un hermoso comienzo con un final triste. Los planes de Dios para con él, eran tan hermosos Dios quería que cuando Saúl muriera se sentara su hijo en su trono, luego su nieto y que nunca faltara de su descendencia quien gobernara a Israel.

1Samuel 13:13-14, *"Entonces Samuel dijo a Saúl: Locamente has hecho; no guardaste el mandamiento de Jehová tu Dios que él te había ordenado; pues ahora Jehová hubiera confirmado tu Reino sobre Israel para siempre. Más ahora tu reino no será duradero. Jehová se ha buscado un varón conforme a su corazón, al cual Jehová ha designado para que sea príncipe sobre su pueblo, por cuanto tu no has guardado lo que Jehová te mandó".*

Dios fue quien escogió a Saúl; no fue el profeta, no fue el pueblo, Dios lo escogió.

Ahora surge una pregunta: ¿Se equivocó Dios al escoger a Saúl? No, yo creo que no, Dios nos ha dado a todos la oportunidad de ser bendecidos, honrados y exaltados, este es el deseo de todo padre para sus hijos.

Jesús nos enseñó que nuestro Padre Celestial es bueno, hace salir el sol sobre buenos y malos, hace llover sobre justos y pecadores, entonces ¿Cuál es la actitud que debemos asumir cada uno de nosotros hacia Él?

Lo que Él nos da, lo que Él nos entrega, tenemos que cuidarlo y ser agradecidos, porque de lo contrario otro ocupará nuestro lugar y ese fue el caso de Saúl, que por no cuidar lo que Dios le entregó, por no ser obediente y por no honrar al Señor, otro ocupó su lugar.

Trágico fin de Saúl y sus hijos

1Samuel 31:1-6 y del 8-10 *"Los Filisteos, pues, pelearon contra Israel, y los de Israel huyeron delante de los Filisteos, y cayeron muertos en el monte de Gilboa. Y arreció la batalla contra Saúl, y le alcanzaron los flecheros y tuvo gran temor de ellos. Entonces dijo Saúl a su escudero: saca tu espada y traspásame con ella, para que no vengan estos incircuncisos y me traspasen, y me escarnezcan. Más su escudero no quería, porque tenía gran temor. Entonces tomó Saúl su propia espada y se echó sobre ella. Y viendo su escudero a Saúl muerto, el también se echó sobre su espada y murió con él. Así murió Saúl en aquel día juntamente con sus tres hijos, y su escudero y todos sus varones".*

"Aconteció al siguiente día, que vinieron los filisteos a despojar a los muertos, hallaron a Saúl y a sus tres

hijos tendidos en el monte de Gilboa. Y le cortaron la cabeza, y le despojaron de las armas y enviaron mensajeros por toda la tierra de los Filisteos, para que llevaran las buenas nuevas al templo de sus ídolos y al pueblo. Y pusieron sus armas en el templo de Astarot y colgaron su cuerpo en el muro de Bet-sán".

La muerte de Saúl y sus hijos tiene un final muy triste. Saúl no debió morir de esta manera, sus enemigos lo derrotaron, le cortaron la cabeza y colgaron su cuerpo en el muro de Bet-sán. Todo esto vino como consecuencia de no honrar a Dios y obedecer su palabra y por eso Dios lo desechó.

David ocupó su lugar

1Samuel 16:1 y 10-13 dice: *"Dijo Jehová a Samuel, ¿hasta cuando llorarás a Saúl, habiéndolo yo desechado para que no reine sobre Israel? Llena tu cuerno de aceite y ven te enviaré a Isaí de Belén, porque de sus hijos me he provisto de rey". E hizo pasar Isaí siete hijos suyos delante de Samuel, pero Samuel dijo a Isaí: Jehová no ha elegido a estos. Entonces dijo Samuel a Isaí: ¿Son todos estos tus hijos? Y el respondió: Queda aún el menor, que apacienta las ovejas. Y dijo Samuel a Isaí, envía por él, porque no nos sentaremos a la mesa hasta que él venga aquí. Envió pues por él, y le hizo entrar: y era rubio, hermoso de ojos y de buen parecer. Entonces Jehová* *dijo, Levántate y úngelo porque este es. Y Samuel tomó el cuerno del aceite y lo ungió en medio de sus hermanos; y desde aquel día el Espíritu de Jehová vino sobre David. Se levantó luego Samuel y se volvió a Ramá".*

David fue el hombre que Dios escogió para ocupar el lugar de Saúl. En la vida cristiana, he aprendido que Dios busca hombres y mujeres que le honren. Debemos ser agradecidos y procurar honrarlo de la misma manera en que Él lo ha hecho con nosotros, para que nunca la mano de Dios se detenga y sus propósitos se cumplan en nuestras vidas.

Dios empezó a honrar y a exaltar a David en medio de su pueblo y uno de los medios que utilizó fue dándole una gran victoria sobre el gigante Goliat.

Goliat era el mejor guerrero que tenía el ejército de los Filisteos, por eso lo escogieron para desafiar al ejército de Israel. 1Samuel 17:4-11.

En esta escena cuando todo el ejército de Israel está atemorizado y turbado, es que Dios levanta a David para exaltarlo y a la vez posicionarlo en el palacio del rey para que aprendiera, ya que ese luego sería su lugar de gobierno desde donde dirigiría el pueblo de Israel. David solo era un pastor de ovejas, que no sabía cómo dirigir una nacion y por eso Dios lo llevó al palacio para enseñarle todo lo concerniente al reino.

Dios usó a David para derrotar a este filisteo, y esta victoria Dios la usó para exaltarlo en medio de su pueblo.

Desde aquel día David halló gracia ante los ojos del rey, todo el ejército de Israel entendió que David era un hombre especial, de valor y sobre todo con la unción y el respaldo de Dios.

Ellos sabían que era imposible que un jovencito sin experiencia en batalla de guerra pudiera vencer a un paladín como Goliat. Y lo venció con una honda y una piedra.

1Samuel 17:57-58 dice: *"Y cuando David volvía de matar al filisteo, Abner lo tomó y lo llevó delante de Saúl, teniendo David la cabeza del filisteo en su mano. Y le dijo Saúl; muchacho ¿de quien eres hijo? Y David respondió yo soy hijo de tu siervo Isaí de Belén".*

1Samuel 18:2 *"y Saúl le tomó aquel día y no le dejó volver a la casa de su padre".*

Con esta gran victoria Dios lo exaltó y lo posicionó en el lugar que Él quería, para que se cumplieran sus propósitos con David y luego hacerlo rey sobre todo su pueblo, así honró Dios a David haciéndole rey sobre todo el pueblo de Israel.

David honró al Señor con su vida.

2Samuel 8:15 dice: *"Y reinó David sobre todo Israel; y David administraba justicia y equidad a todo su pueblo"*. De esta manera David honró a Dios, dirigiendo su pueblo con justicia y equidad y reconociendo que todo lo que él era y tenía, lo debía al Señor **2 Samuel 7:18-20.**

David honró a Dios con sus bienes

1Crónicas 29:1-5 dice: *"Después dijo el rey David a toda la asamblea: solamente a Salomón mi hijo ha elegido Dios; el es joven y tierno de edad y la obra grande; porque la casa no es para hombre, sino para Jehová Dios. Yo con todas mis fuerzas he preparado para la casa de mi Dios, oro para las cosas de oro, plata para las cosas de plata; bronce para las cosas de bronce. Hierro para las de hierro, y madera para las de madera; piedras de ónices, piedras preciosas, piedras negras, piedras de diversos colores y toda clase de piedras preciosas y piedras de mármol en abundancia. Además de esto, por cuanto tengo mi afecto en la casa de mi Dios,* **yo guardo en mi tesoro particular oro y plata que, además de todas las cosas que he preparado para la casa del santuario, he dado para la casa de mi Dios.** *Tres mil talentos de oro, de oro de ofir, y siete mil talentos de plata refinada para cubrir las paredes de la casa. Oro, pues, para las*

Dios honra a los que le honran

cosas de oro, y plata para las cosas de platas, y para toda la obra de las manos de los artífices, ¿y quien quiere hacer hoy ofrenda voluntaria a Jehová?".

David organizó el culto y la adoración a Dios.

La Honra de David es revelada en los siguientes aspectos:

1) Organizó los sacerdotes. 1 Crónicas 24:1-19

2) Organizó los Levitas. 1 Crónicas 24:20-31

3) Organizó los músicos. 1 Crónicas 25:1-31

4) Puso porteros para cuidar el templo y los organizó por turno, para cuidar cada puerta y velaran para cuidar los tesoros de la casa del Señor. 1 Crónicas 26: 1-32

Todo este amor y cuidado que tuvo David por la casa de Jehová, hizo que Dios se sintiera honrado por él, y por eso lo honró. Dios llamó a David: **"hombre conforme a mi corazón"**.

Capítulo IV
Dios honra a los que le honran

David fue un hombre que aprendió a honrar a Dios con su vida, con sus bienes y con su talento; y por eso Dios le honró.

Cuando Dios escogió a David; David era un simple pastor de ovejas, que tal vez nunca se imaginó ser el rey de toda una nación.

David era testigo de que Dios lo había enriquecido. Él tenía grandes riquezas en oro, plata, bronce, hierro, madera y piedras preciosas (1 Crónicas 29:2-5).

David era un hombre rico que había llegado al nivel de reconocer que *"Todas las riquezas proceden de Dios"* David también habia dicho: *"La gloria procede de ti"*.

Cuando Dios llamó a David, aún su familia lo tenía al menos, porque habiendo una reunión tan importante en su casa, todos estaban en ella, menos David.

Dios tuvo que mandarlo a buscar a través del profeta Samuel, y decir que no se iban a sentar a la mesa hasta que él llegara.

Dios engrandeció tanto a David que todos los pueblos de aquel entonces conocían al rey David. Toda lengua, pueblo y nación conocían a David, porque Dios lo había engrandecido.

Dios le dio tanta fama y gloria, que todavía hoy día toda la tierra sabe quién fue el rey David.

Pacto de Dios con David.

David no fue un hombre perfecto, porque en varias ocasiones pecó contra Dios, pero Dios nunca apartó de él su misericordia y sus promesas. Porque David aprendió a honrar a Dios

Si analizamos el **Salmo 89:3-4 y 20-37** podremos ver como Dios está haciendo un pacto con su siervo y jura por su santidad que no le mentirá.

Jehová dijo:

• "Hallé a David mi siervo; lo ungí con mi santa unción".

• Mi mano estará siempre con él.

• Mi brazo también lo fortalecerá.

• Mi verdad y mi misericordia estarán con él, y en mi Nombre será exaltado su poder.

• Le pondré por primogénito.

- Será el más excelso de los reyes de la tierra.
- No quitaré de él mi misericordia, ni falsearé mi verdad.
- No olvidaré mi pacto, ni mudaré lo que ha salido de mi boca.
- Su descendencia será para siempre.
- Su trono será como el sol delante de mí
- Como la luna será firme para siempre.

En David había imperfecciones, pero fue un hombre que aprendió amar y a honrar a Dios. Dios no está buscando hombres perfectos, lo que él está buscando es hombres y mujeres que le honren, le amen y caminen hacia la perfección.

En **Génesis 17:1** Dios le dijo a Abraham: *"Yo soy el Dios Todopoderoso, anda delante de mí y se perfecto".*

El Señor sabía que Abraham no era perfecto y sabía que en algunas ocasiones le fallaría, sin embargo, a pesar de esto Dios esta esperando que sus hijos caminen hacia la perfección.

David con sus errores y sus faltas, pudo agradar y honrar a Dios en esta tierra, y yo creo que cada uno de nosotros, con nuestras faltas y limitaciones nos esforzaremos para honrar a Dios y caminaremos hacia la perfección. Uno de esos errores que David cometió, fue cuando procuró censar al pueblo.

En 2 Samuel 24:10-25 dice: *"Después que David hubo censado al pueblo, le pesó en su corazón; y dijo David a Jehová: Yo he pecado gravemente por haber hecho esto; más ahora, oh Jehová, te ruego que quites el pecado de tu siervo. Porque yo he hecho muy neciamente. Y por la mañana, cuando David se hubo levantado, vino palabra de Jehová al profeta Gad, vidente de David, diciendo: Ve y di a David: Así ha dicho Jehová: tres cosas te ofrezco; tú escogerás una de ellas, para que yo la haga. Vino, pues, Gad a David y se lo hizo saber, y le dijo: ¿Quieres que te vengan siete años de hambre en tu tierra? ¿O que huyas tres meses delante de tus enemigos y que ellos te persigan? ¿O que tres días haya peste en tu tierra? Piensa ahora, y mira qué responderé al que me ha enviado".*

Esta historia de David en esta etapa de su vida, tiene mucho que enseñarnos.

- David se encontraba siendo el rey de todo Israel.

- Dios había sometido a todos sus enemigos bajo su autoridad.

- Los que perseguían su vida habían muerto.

- Y David pecó contra Jehová su Dios, haciendo un censo en el pueblo de Israel.

Dios honra a los que le honran

Este pasaje de 2Samuel 24:1-10 nos enseña que David quería saber, con cuántas personas él contaba. Cuál era el número de su ejército, y esto desagradó a Dios, porque Dios no quiere que nos apoyemos en nuestra propia fuerza y en nuestra propia sabiduría, sino en Él.

David debía saber que no era su ejército que le había dado la victoria, sino Dios.

El Señor decide castigar su pecado y entonces le envía a un profeta para que él eligiera el castigo.

1) Siete años de hambre

2) Huir por tres meses delante de sus enemigos.

3) Tres días de peste en su tierra.

Es interesante notar varias verdades reveladas en este pasaje. Por ejemplo: El reconocimiento de David, antes de ser confrontado, de que le había fallado a Dios. Y también la revelación de la misericordia Divina, al poner a su siervo a escoger cuál era el castigo que el creía conveniente para si.

Debemos de saber que todo pecado trae consecuencia. David pecó y ahora la consecuencia de su pecado venía sobre él y sobre su pueblo.

Hay pecados que afectan aún a todo lo que nos rodea. Yo me puedo imaginar el pesar que debió sentir David por su pecado. Pero ya era tarde, la consecuencia había llegado y había que tomar una decisión, porque el castigo de Dios estaba a la puerta.

Por eso, antes de pecar, debemos de pensar en las consecuencias que ese pecado podría traer a nuestras vidas. Dios perdonará nuestros pecados si nos arrepentimos, pero tendremos que sufrir las consecuencias de nuestra desobediencia.

David sabía que nuestro Dios, es un Dios de amor y misericordia, por eso le dijo al profeta: *"que caiga yo en las manos de Dios y no en las manos del hombre, porque sus misericordias son muchas"*.

2Samuel 24:15 dice: *"Y Jehová envió la peste sobre Israel desde la mañana hasta el tiempo señalado; y murieron del pueblo, desde dan hasta Beerseba, Setenta mil hombres"*.

En tres días una peste que vino sobre el pueblo del Señor, mató a setenta mil hombres.

• Setenta mil hombres murieron, posiblemente hombres de guerra que pertenecieron a su ejército.

• Setenta mil hombres con los que David ya no podía contar.

Dios honra a los que le honran

En **2Samuel 24:2-4** el general Joab advirtió a David de las consecuencias que podrían venir, para que no lo hiciera y no pecara contra Dios, pero a veces somos tercos, no oímos consejos de nadie y satisfacemos nuestros propios deseos.

Este pecado de David trajo consecuencias que marcaron al pueblo para siempre:

- Miles de mujeres quedaron viudas.
- Miles de hijos quedaron sin padre.
- Miles de hogares fueron marcados para siempre.

David fue responsable y aceptó su falta, reconoció su pecado, y le dijo a Dios: *"yo pequé, yo hice la maldad, ¿Qué hicieron estas ovejas? Te ruego que tu mano se vuelva contra mí, y contra la casa de mi padre"* (2Samuel 24:17).

A veces culpamos a otros de nuestras faltas, errores y fracasos, pero muchas veces no echamos de ver que los fracasos de otros son la consecuencia de nuestros errores, David fue responsable de que muchos en Israel fracasaran. Él dijo, aunque yo muera, aunque mueran mis padres, aunque muera mi familia, Señor fui yo que pequé, fue mía la falta. Esto hizo que Dios se arrepintiera de destruir la ciudad de Jerusalén.

2Samuel 24:16: *"Y cuando el ángel extendió su mano sobre Jerusalén para destruirla, Jehová se arrepintió de aquel mal, y dijo al ángel que destruía al pueblo. Basta ahora: detén tu mano, y el ángel de Jehová estaba junto a la era de Arauna Jebuseo".*

2Samuel 24:18: Jehová le dijo a David a través del profeta Gad, *"Levanta un altar en la era de Arauna Jebuseo".*

¡Aquí hay una enseñanza para nosotros! David quiere que la plaga se detenga, que la ira de Dios se aplaque, sin embargo, para que esto suceda David tuvo que someterse a la siguiente estructura:

1. Arrepentirse.

2. Levantar un altar.

3. Ofrecen una ofrenda por el pecado.

Ahora bien, en el lugar donde Dios le pide que levante un altar, David no tiene tierra, no tiene bueyes y no tiene leña. Va donde un hombre llamado Arauna, para comprarle la tierra, los bueyes y la leña, el texto dice:

2Samuel 24:20-23: *"Y Arauna miró y vió al rey y a sus siervos que venían hacia él. Saliendo entonces Arauna se inclinó delante del rey, rostro a tierra, y Arauna dijo: ¿Porqué viene mi señor el rey a su*

Dios honra a los que le honran

siervo? Y David respondió: para comprar de ti la era, a fin de edificar un altar a Jehová, para que cese la mortandad del pueblo. Y Arauna dijo a David: tome y ofrezca mi señor el rey lo que bien le pareciere: he aquí bueyes para el holocausto, y los trillos y los yugos de los bueyes para leña. Todo esto, oh rey: Arauna lo da al rey. Luego dijo Arauna al rey: Jehová tu Dios te sea propicio".

La actitud de este hombre (Arauna Jebuseo) era la de honrar al rey. Él sabe que no era cualquier hombre que estaba frente a él, era el rey de Israel, el ungido de Jehová, y aquel que venció al gigante Goliat.

Arauna quería honrar a David, y le dice, que tomara todo lo que necesitaba para levantar el altar a Jehová su Dios, *"yo Arauna tu siervo, se lo regalo al rey".*

Vemos que, Arauna quiere regalarle a David todo lo que él necesita; pero el rey David no lo acepta, porque entiende que todo lo que le ofrece a Jehová su Dios, tiene que costarle sacrificio. A esto yo llamo: ***"El valor de la honra"*** David entiende que Dios merece lo mejor de su vida, y que toda ofrenda que él le vaya a dar a Dios, tiene que costarle sacrificio.

Nunca debemos dar a Dios lo que no nos cueste sacrificio, Él merece lo mejor de nuestras vidas.

2Samuel 24:24, vemos que David le dijo a Arauna: *"No, sino por precio te lo compraré".* Y en **1 Crónicas 21:24** él dijo, a Ornan: *"no, sino que, efectivamente la compraré por su justo precio; porque no tomaré para Jehová lo que es tuyo, ni sacrificaré holocausto que nada me cueste".*

Lo que David está diciendo con esto es: quiero darle a Dios una ofrenda que me cueste sacrificio. La palabra ofrenda viene del griego prosfero que se traduce como un sacrificio que se trae, esta palabra nos revela simple y llanamente que cada ofrenda que se ofrece a Dios es un sacrificio.

Por eso David le dice a Ornán, dámelo por su justo precio, porque yo quiero que esta ofrenda que le voy a dar a Dios me cueste sacrificio. Esta acción de David nos revela cual debe ser la actitud que todos debemos tener hacia el Señor ***"Dios se merece lo mejor".***

¡Cuántos creyentes de este tiempo necesitamos aprender este principio!

Me duele ver como personas en todo lugar, le dan a Dios de lo que le sobra, es como si Dios necesitara de alguna limosna. Dios no es un Dios de limosna, Dios es un Dios de ofrendas, Y ofrenda es sacrificio.

Por eso muchos en su pueblo están en pobreza, en miseria. Nos falta aprender honrar a Dios, tener un corazón como el de David, que no escatimaba esfuerzo para honrar a Jehová su Dios.

Jehová le dijo al profeta: *"Dile a Elí que yo honraré al que me honra, y los que me desprecian serán tenidos en poco"*.

Yo me he propuesto honrar a Dios, porque no quiero ser tenido en poco por Él.

El Señor ya advirtió que el que no lo honra será tenido en poco. ¿Quieres que Dios se fije en ti? ¿Quieres no ser contado entre la multitud? ¡Hónralo! Él es experto en poner delante lo que está detrás, arriba lo que está debajo, él te pondrá por cabeza y no por cola.

Jehová dijo: *"porque Yo honraré a los que me honran"*.

2Samuel 24:25 dice: *"Y edificó allí David un altar a Jehová, y sacrificó holocaustos y ofrendas de paz; y Jehová oyó las súplicas de la tierra, y cesó la plaga en Israel"*.

El poder y el valor de la ofrenda

David se levantó y sacrificó holocaustos y ofrenda de paz.

- Esta ofrenda hizo que la ira de Dios se aplacara.

- Que Jehová oyera sus súplicas.

- Y que cesara la plaga y la mortandad en el pueblo.

Cuando nuestras ofrendas son aceptadas por Dios, y Él se siente honrado por lo que le traemos, todo lo que nos maldice se detendrá, toda maldición se romperá, y la bendición de Dios vendrá sobre nosotros. Cesará toda plaga y mortandad en nuestras vidas.

Dios no solamente le dijo a David, ora para yo perdonarte, Él le dijo: Levanta un altar y sacrifica holocausto.

Es interesante resaltar que el concepto de sacrificio va conectado al concepto de altar, esta palabra altar viene de una palabra hebrea "misbéakj" que se traduce como lugar de sacrificio, Dios le esta diciendo dame una ofrenda en un lugar de sacrificio, para yo bendecirte y honrarte.

- David entendió que esta ofrenda era de mucha importancia para él y para el pueblo.

- David sabía que esta ofrenda podía aplacar la ira de Dios.

- David sabía que esta ofrenda podía detener la plaga y la mortandad en el pueblo.

Por eso le dijo a Arauna Jebuseo, que no ofrecería nada a su Dios, que no le costara sacrificio. Él pensaba: tengo que esforzarme por darle lo mejor a Dios, tengo que lograr que Dios acepte mi ofrenda

"ORACIÓN"

Oh Señor, en este momento oro a ti para que tú nos ayudes a entender el poder y el valor de la ofrenda.

Que cada uno de los que lean este libro puedan aprender a honrarte. Y que tu puedas escuchar sus suplicas. Que en el nombre de Jesucristo cese toda plaga y mortandad en sus vidas, en sus finanzas, en sus matrimonios, en sus familias, y en sus negocios.

Este es el momento de levantar un altar y ofrecer sacrificios de alabanzas por lo que el hará con tu vida.

Amén.

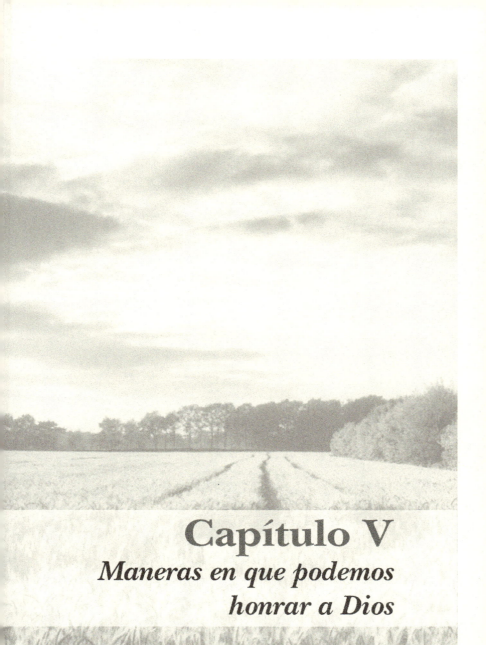

Capítulo V
Maneras en que podemos honrar a Dios

Con nuestra alabanza

Salmo 50:14-15: *"Sacrifica a Dios alabanzas y paga tus votos al altísimo. E invócame en el día de la angustia, te libraré y tú me honrarás".*

El deseo de Dios es que te levantes en esta hora y le invoques. En medio de la angustia en la que te encuentras, en medio de la dificultad por la que estás atravesando, Dios quiere que tú le invoques, porque Él quiere sacarte de allí, pero tienes que invocarle. Invocar es llamar a alguien por su nombre; atrévete a hacer como hizo Bartimeo, hijo de Timeo, que estaba sentado junto al camino mendigando. Oyendo que Jesús estaba pasando por allí, invocó su nombre dando voces y empezó a decir: *"Jesús hijo de David ten misericordia de mí"*, y dice que le reprendían para que callase, pero él clamaba mucho más.

¡Jesús hijo de David ten misericordia de mí! Marcos 10:46-52

Bartimeo invocó su nombre y pudo lograr que Jesús se detuviera, evidentemente los planes del Señor eran los de detenerse a sanar a aquel ciego, este pasaje nos enseña que una gran multitud iba con Jesús y posiblemente muchos de ellos con necesidades. Pero, Bartimeo hizo algo que marcó la diferencia, él le invocó, le llamó por su nombre, y no sólo le llamó por Jesús, sino que también le dijo *"hijo de David"*.

Esta declaración es poderosa, porque con el nombre de Jesús; pueden haber muchos, pero Jesús hijo de David solo hay uno, y ese es el Cristo.

Lo que Bartimeo está diciendo con esto es: Tú eres el que ha de venir, Tú eres la promesa que Dios le hizo al rey David, que levantaría de sus lomos a uno que se sentaría en su trono para siempre, Tú eres el futuro rey de Israel.

Con esta acción, Bartimeo logró que Jesús se detuviera.

Marcos 10:49: *"Entonces Jesús deteniéndose mandó llamarle, y llamaron al ciego. Diciéndole: ten confianza; levántate, te llama".*

De este pasaje se desprenden algunas enseñanzas que podemos utilizar en nuestras vidas a la hora de invocar al Señor:

Dios honra a los que le honran

1) Lo primero que debemos hacer en nuestra angustia es invocarle.

2) Lo segundo que debemos hacer es clamar en oración hasta lograr que Él se detenga y nos atienda.

3) Lo tercero que debemos hacer, es estar preparados y ser específicos y seguros a la hora de decirle al Señor lo que queremos, porque una vez logres que Él te oiga, y te atienda, comenzarás a recibir el milagro que tanto has esperado. Él te preguntará como a Bartimeo: ¿Que quieres que te haga?

En **Marcos 10:51**: *"Respondiendo Jesús, le dijo: ¿Qué quieres que te haga?".*

Esta pregunta no es solo para Bartimeo, es para todos aquellos que invocamos su nombre y logramos que él se detenga y nos atienda, Él te preguntará: ¿Qué quieres que te haga? Bartimeo le dijo: *"que recobre la vista".*

"Cuando nosotros queremos recobrar algo" es porque en algún momento de nuestras vidas lo hemos perdido. Bartimeo no había nacido ciego; en algún momento de su vida, por alguna causa perdió la vista, por eso él le dijo a Jesús yo quiero recobrarla.

La palabra recobrar, es volver a tener lo que antes se poseía, repararse de un daño recibido, volver a su estado original. Él le dijo "maestro que recobre la vista".

"Yo no sé lo que perdiste en el pasado" y que hoy anhelas recuperar. Yo creo en un Dios que restituye, un Dios que restaura. Nuestro Dios, es un Dios de restitución y restauración.

En **Joel 2:24-25** dice: *"Las eras se llenarán de trigo y los lagares rebosarán de vino y aceite. Y os restituiré los años que comió la oruga, el saltón, el revoltón y la langosta, mi gran ejército que envié contra vosotros".*

En este pasaje Dios le está hablando a un pueblo que lo había perdido todo, que estaba en crisis, en quiebra a causa de una hambruna y una sequía que estaba azotando a la nación, y Dios los levantó a través del profeta Joel, en lo que profetizaba y declaraba.

Que vienen tiempos de abundancia, que vienen años de restitución. Dios le dice a su pueblo; las eras se llenarán de trigo, y los lagares rebosarán de vino y aceite.

Este pueblo tenía sus almacenes vacíos, todas sus reservas se habían agotado, a causa de los años de hambre y de sequía, y el profeta declara por palabras del Señor, que las eras se llenarán de trigo y los lagares rebosarán de vino y aceite.

"Y os restituiré los años que comió la oruga, el saltón, el revoltón y la langosta". Restituir es: devolver a alguien lo que antes tenía. Yo quiero decirte en este día, que

Dios honra a los que le honran

Dios quiere que recobres todo lo que has perdido. Si Jesús pudo hacerlo con Bartimeo, yo creo que también Él lo puede hacer contigo.

El Señor quiere que recobres tu salud, tu esposo, esposa, negocio, amistades, tu economía, y todo lo que hayas perdido. Yo soy testigo de que Él puede hacerlo ahora, en este tiempo.

Salmos 50:15 dice: *"Invócame en el día de la angustia; te libraré y tú me honrarás".*

Testimonio:

Recuerdo el testimonio de una pareja cristiana, que tuvieron una niña que nació enferma, con líquido en la cabeza, que le provocaba convulsiones, temblores, ataques epilépticos. Llevaron a la niña al Hospital La Plaza de la Salud, en la ciudad de Santo Domingo, República Dominicana.

El médico le dijo a sus padres que para salvar la vida de la niña había que colocarle una válvula en la cabeza para poder extraer el líquido del cerebro. En ese momento esta pareja no tenía los recursos suficiente para cubrir la operación.

Al demorarse, la niña comenzó a empeorar, le dió un ataque y fiebre, que le afectó el ojo izquierdo. Bajó de peso, porque casi no comía. En varias ocasiones hubo que ponerle sangre. Cuando por fin lograron conseguir el dinero de la operación, para extraer el líquido del cerebro, llevaron la niña otra vez al Hospital, y el médico la examina, le hacen los análisis de la sangre antes de ser operada y el médico descubre que la niña tiene VIH/sida. Llama a los padres y les dice, que él no puede hacer la operación, porque su hija tiene sida. Los padres pidieron que le repitieran el estudio, y la prueba salió otra vez positiva.

El médico le dijo a sus padres que no valía la pena hacer esa inversión en la niña ya que su estado de salud era muy crítico y menos ahora que tenía una enfermedad incurable.

Los padres se cuestionaron; ¿Cómo la niña había adquirido esa enfermedad? La madre de la niña dudó del padre, pensó que pudo haber estado en la calle, y le pidió a su esposo que se hiciera la prueba del VIH/sida, él se hace la prueba y los resultados fueron negativos.

Entonces el esposo pensó que era ella quien había contagiado la niña, sin embargo, el resultado también fue negativo. Entonces es cuando descubren que la niña adquirió la enfermedad en algún hospital o clínica donde le habían puesto sangre, en varias ocasiones.

Los padres no sabían qué hacer, estaban desesperados, sin fe, sin esperanza, los médicos no podían hacer nada, el dinero no podía hacer nada, la familia y los vecinos le dijeron que no valía la pena seguir luchando, porque la niña estaba en muy mal estado. La niña tenía siete meses de edad, siete libras de peso, sin apetito, con líquido en el cerebro, con el ojo izquierdo afectado y con VIH/sida; el esposo que era creyente, perdió la fe, le dijo a su esposa que no volvería más a la iglesia, que no entendía ¿Por qué Dios había permitido esto a su hija? Llegó a pensar que Dios no lo amaba.

La esposa no perdió la fe, ella dijo, que Dios era poderoso para sanar a su hija. Empezó a orar, con lloro, con gemido, a toda hora, y empezó a pedir oraciones por su niña. Ella invocó al Señor, le llamó por su nombre, Jesús hijo de David, ten misericordia de mí y sana a mi hija, esta mujer a través de la oración logró que el Señor la escuchara.

¡Llegó el momento del milagro!

Un día, orando de madrugada, el Señor contestó su oración. La presencia del Señor entró a su casa y ella le dice a su esposo que se levantara a orar porque el Señor estaba en ese lugar; él le dice que no quería orar, que tenía mucho sueño. La esposa fue muy insistente con él hasta que logró que se levantara y se pusiese de rodillas.

Cuando su esposo empezó a orar, Dios en su amor y misericordia, le reveló que iba a sanar su hija y también le mostró a través de quien la iba a sanar. Él le dijo al Señor, que no sabía dónde vivía esa persona para que orara por su hija, y que no tenía su número telefónico.

Sin embargo, lo que él no sabía es que Dios hace, y abre camino donde no lo hay, por amor a sus hijos, esa persona era yo, Dios le había mostrado en una visión, que yo oraba por su hija y Dios la sanaba.

En esa misma semana yo tenía que ir a un programa de radio en la mañana y de repente, tuve un pequeño accidente con una guagua del transporte público que me rayó un lado del vehículo, y dije: "Gracias Señor, no sé por qué lo permitiste, pero yo te doy gracias".

Inmediatamente pensé: "¿Quién me va a solucionar este problema en el vehículo? Y en ese instante me acuerdo de Chelo, una persona que hace tiempo conocía y era desabollador de vehículo. Ese hombre, sin yo saberlo, era el padre de la niña enferma".

Cuando llego al taller, él me dice; usted no sólo vino por este problema, fue Dios que lo trajo, yo lo estaba esperando. Cuando él me dijo eso no lo entendía, hasta que me contó el problema de enfermedad de su hija y de lo que Dios le había mostrado.

Ese día acordamos cuándo oraríamos por su hija para que Dios la sanara, al terminar la conversación le regalé uno de mis mensajes grabados en un CD de audio, bajo el tema: "Mírate como Dios te ve", él lo escuchó y luego se lo regaló a su pastora para que me escuchara. A ella también le gustó el mensaje. Ese domingo por la tarde me invitaron a predicar a su iglesia y ¡ese día su hija fue sanada por el Señor!

Cuando terminé de predicar, empecé a ministrar a las personas enfermas. Mi compañero de ministerio Isidro Quiñones y yo, oramos por la niña. Cuando él la trajo en sus brazos, junto a su esposa para que orara por la niña, pude ver su estado delicado.

La niña estaba desnutrida porque no comía, reflejaba la muerte en el rostro, su peso era de siete libras, con siete meses de nacida. Pero pude ver la fe de sus padres, ellos creyeron que Dios podía sanar a su hija. Isidro y yo pusimos las manos sobre la niña, la ungimos con aceite y ordenamos que, en el nombre de Jesucristo, ese espíritu de enfermedad saliera de su cuerpo y le pedimos al Señor que la sanara.

El milagro ocurrió, mientras orábamos por la niña su padre tuvo otra visión, y Dios le mostró como un espíritu en forma de una nube negra salía de su hija. Esa noche Dios sanó a la niña. Después de la oración empezaron a observarla, debido al líquido que tenía en la cabeza, le daban algunas convulsiones y su cuerpo empezaba a temblar, esto le pasaba cada veinte y treinta minutos. Pasó una hora y la niña no convulsionó, dos horas, tres horas y la niña no convulsionaba, entonces se dieron cuenta que ya la niña estaba sana.

Para confirmar esto, al otro día por la mañana, la llevaron a la Plaza de la Salud, para que el doctor le hiciera otra vez los análisis. Le tomaron una placa en la cabeza y se dieron cuenta que ya no había líquido en el cerebro, Dios le había secado el líquido de la cabeza.

El médico le preguntó al padre de la niña: "¿Ustedes son cristianos?" Él dijo: "sí, para la gloria de Dios" y el doctor le dijo: "Pues sólo un milagro puede explicar estos resultados. Su hija está sana del cerebro; no hay líquido en ningún lugar".

El padre de la niña le dijo al doctor, hágale también el análisis del VIH/sida, porque si Dios le sanó de la cabeza pudo haberle sanado de la sangre.

¡Sorpresa! Cuando le hicieron el análisis del VIH/sida, la prueba salió negativa, el doctor quería repetir el análisis para asegurarse que no haya sido algún error. Otra vez salió negativo.

Algunos no podían creer lo que Dios había hecho, y llevaron la niña a otro centro médico para asegurarse del resultado. ¡Gloria a Dios! otra vez salió negativo, y no solo esto, Dios también le enderezó el ojo izquierdo. ¡aleluya! Hoy día la niña está completamente sana, para la gloria de Dios.

Salmo 50:23: *"El que sacrifica alabanzas me honrará"*.

Aprende a honrar a Dios con tus labios, conviértete en un adorador incansable, que día y noche Dios encuentre una alabanza en tu boca, que en todo tiempo tus labios le alaben y le bendigan.

La alabanza es una honra para el Señor. Dios se siente honrado cuando lo hacemos; no des tus alabanzas a estatuas, ni a esculturas, sólo póstrate ante Dios, el Creador de los cielos y la tierra.

¡Sacrifica alabanzas! Hay momentos en que la alabanza nos va a costar sacrificio, porque no es fácil alabar a Dios en medio de las pruebas y el dolor. Hay tiempos de crisis económica, en donde la turbación y la desesperación querrán quitarnos la alabanza a Dios de nuestra boca. Y es allí donde debes de esforzarte, y sacrificar a Dios alabanzas:

- En medio de la crisis.

- En medio de la enfermedad.

- En medio de un divorcio.

- En medio de la soledad.
- En medio de un problema familiar.

¡Sacrifica alabanza a Dios!
Dios dice: el que sacrifica alabanzas me honrará.

Salmo 50:15: *"Invócame en el día de la angustia".*
Esto fue lo que estos hermanos hicieron, invocaron a Dios en el dia de la angustia y el los escuchó".

Con tus Bienes

Proverbios 3:9-10, dice: *"Honra a Jehová con tus bienes, y con las primicias de todos tus frutos; Y serán llenos tus graneros con abundancia, y tus lagares rebosarán de mosto".*

En estos pasajes el sabio Salomón, guiado por el Espíritu Santo, nos enseña cual es el secreto de la prosperidad para aquel que sirve y teme a Dios.

El secreto de la prosperidad es honrar a Jehová con tus bienes. La palabra bienes, en el ámbito económico tiene que ver con posesiones materiales y dinero. Lo que la Palabra de Dios nos enseña es que Dios espera que lo honremos con lo que Él nos da.

Dios honra a los que le honran

Salomón, uno de los hombres más ricos que ha pasado por esta tierra, nos aconseja que honremos a Jehová con nuestros bienes y con las primicias de todos nuestros frutos; y serán llenos nuestros graneros con abundancia, y nuestros lagares rebosarán de mosto. La honra a Dios traerá a nuestras vidas la abundancia de bienes materiales.

Cuando honres a Dios:

1. Serán llenos tus graneros.

2. Tus lagares rebosarán de mosto.

Los graneros, son los almacenes donde los agricultores guardaban sus cosechas de todo tipo de granos que ellos sembraban. Dios le dice a su pueblo, su Iglesia, hónrenme con sus bienes y serán llenos sus graneros, sus almacenes.

El deseo de Dios es que tus graneros se llenen, y que vivas una vida en abundancia. Lo que traerá la abundancia de Dios a nuestras vidas es la honra a su Nombre.

Tus lagares rebosarán de mosto, el mosto es el vino, que representa el gozo y la alegría del hombre. El vino que se extrae de las uvas, era otro de los productos que los agricultores almacenaban. El lagar era el lugar donde se depositaban las uvas para ser machacadas, y extraer el vino, y también era un lugar de almacenamiento.

Dios nos promete que, si lo honramos con nuestros bienes, nuestros lagares rebosarán de mosto. Me gusta esa palabra: "rebosarán", cuando algo está rebosando, es porque no tiene más espacio para almacenar o retener lo que se está depositando. Lo que Dios nos está diciendo es: la bendición que yo derramaré sobre ti, será tan grande que no tendrás espacio suficiente para retenerlas, tus lagares rebosarán; cuando algo se rebosa tiende a derramarse por todos lados, o sea, que todo el que esté a mi lado va hacer partícipe de la bendición que Dios derramará sobre mi vida.

El deseo de Dios, no es que su pueblo esté quebrado, en escasez o en miseria, y que tengamos que estar pidiendo donaciones, como si el Dios que tenemos no puede suplir nuestras necesidades.

Testimonio:

En el año 2012, mientras oraba, El Señor me dijo: ***"Yo no estoy quebrado"***. Me dijo esto, porque en ese año estábamos empezando a construir un nuevo templo en el sector de Bellas Colinas, Manoguayabo, un sector de escasos recursos y con una obra grande que construir. En el templo que estábamos ya no cabíamos y necesitábamos un lugar más amplio.

Dios honra a los que le honran

Razón por la cual estuve muy preocupado y pensando: ¿De dónde vendrían esos recursos? Dios me dijo: *"Yo no estoy quebrado, el que está quebrado es el diablo"*. Mía es la tierra y su plenitud, el mundo y todo lo que en él habitan.

El pueblo del Señor tiene que abrir los ojos y despertar y ver que el Dios que tenemos es el Dios Todopoderoso. El Señor me volvió a decir: *"yo no estoy quebrado y verás mi mano obrar. El templo que me vas construir lo vas a hacer en menor tiempo, que el primero que me hiciste"*. Y yo le dije al Señor; "pero Señor este templo es tres veces más grande que el primero", y el primer templo lo hicimos en un año, y el Señor me dijo: "¿Estás dudando de lo que te digo?". "Créelo, y verás sino se cumple lo que te he dicho".

¡Gloria a Dios! El Señor es fiel, el Señor es poderoso, Él lo hizo; El cumplió Su palabra. Yo le dije al Señor: "si tú no estás quebrado, entonces yo no voy a vender jugos, pastelitos, arepas, ni bonos pro-templo. Si tú no estás quebrado, entonces yo tengo que ver Tu Gloria".

Yo respeto y hasta apoyo a aquellos que quieren vender jugos, arepas, pastelitos, comidas variadas pro-templo, pero mí Dios me habló y me dijo: *"Yo no estoy quebrado. Hónrame, créeme y verás mi gloria"*.

¡Gloria a Dios! ¡Él lo hizo en diez meses!

Dios nos permitió construir e inaugurar el templo en diez meses.

Primer milagro: el primer milagro que Dios hizo fue a través de una hermana que trabaja para Amway Dominicana, estando ella en los Estados Unidos en la convención de Amway en el año dos mil doce (2012).

Amway le iba a sortear un carro Corvette del año 2012 valorado en US$60,000 dólares a sus empleados, y ésta hermana sentada a la mesa con su esposo esperando el sorteo, hizo un pacto con Dios y con otra hermana que también trabaja para Amway. El pacto era el siguiente:

Se tomaron de las manos para orar y hacer el pacto. Una de ella dijo: Si yo me saco el carro le voy a dar a Dios el 10% del valor del carro, para la construcción del templo, y a ti te daré el 5% del valor del carro. La otra hermana le contestó, como nuestro anhelo es que el templo se construya rápido: el 5% mío, dáselo también al Señor pro-templo. Ella también hizo el mismo pacto con Dios con la otra hermana. Los esposos de estas dos hermanas cuando la vieron hacer este pacto dijeron:

"Sigan soñando y creyendo que ustedes se van a sacar ese carro, en esa góndola hay cinco mil personas concursando y ¿ustedes creen que son las que se van a sacar ese carro?". Ellas dijeron: no le hagamos caso y oremos… **¡SORPRESA!** Dios escuchó esa oración y vió ese pacto que ellas hicieron con fe y de corazón.

Ese día, la hermana Olaya Sánchez se sacó el carro, valorado en US$60,000 dólares, su esposo no lo podía creer. Sólo Dios pudo hacerlo, porque de cinco mil boletos, ella fue la agraciada. Ese día la hermana me llamó y me testificó el milagro y me dijo: "pastor, yo compraré todos los bloques para la construcción. Voy a tomar en efectivo el valor del carro y con el porciento que le prometí al Señor compraré los bloques y cumpliré mi promesa.

Segundo milagro: Dios me proveyó de cuatro ingenieros para trabajar en esta obra. Los cuatros me dijeron que ayudarían en todo lo que había que hacer, y no me cobrarían ni un solo centavo. Uno de ellos pagó el estudio de suelo y el diseño de los planos, los cuatro me ayudaron y me asesoraron en la construcción, uno de ellos donó todas las ventanas ¡Gloria a Dios!

Tercer milagro: Una hermana estaba vendiendo un apartamento y le dijo al Señor, ayúdame a vender este apartamento y te prometo que te voy a dar una ofrenda pro-templo. Dios oyó esa oración y la hermana lo vendió y junto a su esposo dió una ofrenda de $235,000.00 para techar el templo.

Cuarto milagro: Hermanos de la iglesia daban ofrendas de amor al Señor, personas de otras iglesias del país me llamaron para enviarme ofrendas pro-templo y algunos de otras naciones como España, Alemania y Estados Unidos, hasta que llegamos al nivel de que solo faltaba el piso del templo. Yo le había dicho al Señor, que yo no quería poner cualquier piso, que por favor me permitiera ponerle porcelanato. Coticé el valor del piso por metro, costaba $400.000.00 (cuatro ciento mil pesos) comprarlo y ponerlo. ¡Gloria a Dios! El Señor oyó la oración y tocó a un hermano, al cual amamos, y damos a Dios las gracias por él.

Este hermano después de hablar con su esposa, el Señor puso en su corazón darnos una ofrenda para el piso de US$10,000.00 dólares, la cual nos la entregó en dos partes, en espacio de veinte días. Al convertir en pesos esos diez mil dólares, totalizaron la cantidad de RD$ 400,000.00. en ese entonces.

Gloria al Señor Dios Todopoderoso, por cada uno de sus siervos, hombres y mujeres que creyeron en nuestra visión y en nuestro ministerio. El día 15 de febrero del 2013, nos mudamos a nuestro nuevo templo en Bellas Colinas de Manoguayabo, ¡A Dios la gloria!

El Señor hizo como lo prometió: en diez meses construimos el templo. Él es aquel que le dijo a Moisés, en medio de un desierto, en donde no había comida, ni agua: "Mi brazo no se ha acortado" y les voy a dar a comer carne, no un día, ni una semana, voy a dar carne para comer por un mes entero. (Números 11:4-14; 11:31-34).

Números 11:4-8 dice: *"Y la gente extranjera que se mezcló con ellos tuvo un vivo deseo, y los hijos de Israel también volvieron a llorar y dijeron: ¡Quien nos diera a comer carne! Nos acordamos del pescado que comíamos en Egipto de balde, de los pepinos, los melones, los puerros. Las cebollas y los ajos: Y ahora nuestra alma se seca; pues nada sino este maná ven nuestros ojos. Y era el maná como semilla de culantro, y su color como color de bedelio. El pueblo se esparcía y lo recogía, y lo molía en molinos o los majaban en morteros, y los cocían en cardera o hacían de él tortas; su sabor era como sabor de aceite nuevo".*

Números 11:31-34 dice: *y vino un viento de Jehová, y trajo codornices del mar y los dejó sobre el campamento, un día de camino a un lado, y un día de camino al otro, alrededor del campamento, y casi dos codos sobre la faz de la tierra. Entonces el pueblo estuvo levantado todo aquel día y toda la noche, y todo el día siguiente, y recogieron codornices; el que menos, recogió diez montones; y las tendieron para sí a lo largo y alrededor del campamento. Aún estaba la carne entre los dientes de ellos, antes que fuese masticada, cuando la ira de Jehová se encendió en el pueblo, e hirió Jehová al* *pueblo con una plaga muy grande. Y llamó el nombre de aquel lugar Kibrot-hataava, por cuanto allí sepultaron al pueblo codicioso".*

Estoy convencido que la mano de Dios no se ha acortado en este tiempo, El Señor todavía sigue supliendo y sustentando a su pueblo. Dios me enseñó que Él no está quebrado, que Él no está en crisis, su Reino es un reino de abundancia.

En su Reino hay tantas riquezas que lo que nosotros tenemos por sublime, en el cielo se pone en las calles para que sus moradores lo pisen. "En el cielo las calles son de oro puro".

Salmos 24:1: *"De Jehová es la tierra y su plenitud, el mundo, y los que en el habitan".*

San Juan 5:39: *"Escudriñad las Escrituras; porque a vosotros os parece que en ellas tenéis la vida eterna; y ellas son las que dan testimonio de mí".*

El Señor nos manda a escudriñar su Palabra, la Palabra de Dios es un tesoro, una fuente de agua viva, donde cada día podemos sacar algo nuevo. Debemos no solamente leerla; sino escudriñarla. Descubrir ¿Por qué se escribió esa palabra? ¿Qué puedo yo aprender de ella? ¿Y en qué puedo ser yo beneficiado?

Escudriñar es: buscar, indagar, profundizar, descubrir, examinar. Cuando yo leo la Palabra de Dios es para buscar, indagar y profundizar, con el propósito de descubrir qué me quiere enseñar cada pasaje de la Biblia, y si no entiendo alguna palabra, busco su significado en un diccionario, para poder entender lo que Dios me quiere decir con claridad.

Jesús dijo: *"**Escudriñad las escrituras porque en ella tenéis la vida eterna**"*. Y esta vida eterna implica que también encontraremos en su Palabra.

- Salud física.

- Prosperidad económica.

- Y estabilidad familiar, en otras palabras "un hogar feliz".

En la Palabra de Dios encontramos la solución para cada problema de esta vida, estoy convencido de que todo lo que existe, es de Dios. Los cielos y la tierra son de Él, todo lo que hay en los cielos y la tierra le pertenece a Dios, porque por su voluntad existen y fueron creados.

"De Jehová es la tierra". (La tierra no es del hombre, es de Dios y él se la dio al hombre para que señoree sobre ella.) *Y su plenitud*; (o sea sus riquezas y todo lo que la tierra tiene es de Dios.)

1Crónicas 29:12-14 dice: *"Las riquezas y la gloria proceden de ti, y tú dominas sobre todo; en tu mano* *está la fuerza y el poder, y en tu mano el hacer grande y el dar poder a todos". Ahora pues, Dios nuestro, nosotros alabamos y loamos tu glorioso nombre. Porque ¿Quién soy yo y quien es mi pueblo, para que pudiéramos ofrecer voluntariamente cosas semejantes? Pues todo es tuyo, y de lo recibido de tus manos te damos".*

Me gusta la declaración que hace David acerca de su Dios: *"Las riquezas y la gloria proceden de ti"*. El rey David era testigo, de que Dios es quien da riqueza y gloria al hombre.

Lucas 1:27 *"Porque nada hay imposible para Dios".*

Dios honra a los que le honran

Con nuestro testimonio

Podemos honrar a Dios con nuestro testimonio. **Mateo 5:16,** dice: *"Así alumbre vuestra luz delante los hombres, para que vean vuestras buenas obras, y glorifiquen a vuestro Padre que está en los cielos".*

El testimonio es nuestra manera de actuar, de hablar, de comportarnos delante de Dios y de los hombres.

Lucas 2:52, dice: *"Y Jesús crecía en sabiduría y en estatura, y en gracia para con Dios y los hombres".*

Este pasaje nos enseña que Jesús crecía:

1) En sabiduría.

2) En estatura.

3) En gracia para con Dios y los hombres.

Este mismo crecimiento Dios quiere que tengamos, cada uno de nosotros en nuestras vidas. Pero este crecimiento no sólo debe de ser delante de Dios, sino que también debe ser visto por los hombres.

Estos tres atributos son la evidencia de que somos cristianos maduros, demuestran que hemos crecido y con esto es glorificado nuestro Padre Celestial.

Jesús dijo: *"Así alumbre vuestra luz delante de los hombres".* **Mateo 5:16**

Dios honra a los que le honran

Esa luz nuestro testimonio, nuestro comportamiento, es nuestra forma de hablar y de actuar. Esa luz alumbra a los hombres y nos dice que en nuestras vidas hay algo diferente.

Dios nos ha dado gracia y sabiduría para actuar de una manera diferente a la que actúa el mundo, por eso estamos en luz y ellos en tinieblas.

Jesús continuo diciendo: *"para que vean vuestras buenas obras y glorifiquen a vuestro Padre que esta en los cielos"*. **Mateo 5:16.**

Uno de los propósitos de Jesús al venir a la tierra, era el de glorificar a su Padre celestial, y ese propósito se cumple en nosotros cuando somos portadores de su luz, esa luz el mundo la puede ver en nosotros por medio de la buenas obras.

San Juan 17:4-5 dice: *"Yo te he glorificado en la tierra, he acabado la obra que me diste que hiciese. Ahora pues, Padre, glorifícame tú al lado tuyo con aquella gloria que tuve contigo antes que el mundo fuese".*

No hay mayor gloria que esta, que nosotros podamos hacer lo que Dios nos manda hacer sobre esta tierra, y en esto, Él es glorificado.

Mi anhelo y deseo como hijo de Dios, es que, en todo lo que yo haga, mi Padre celestial sea glorificado y que la gente al ver mis obras, y glorifiquen al Señor.

Las obras son el testimonio de lo que hacemos delante de Dios y de los hombres. Cuando logramos que, por lo que hacemos, Dios sea glorificado sobre la tierra, entonces El dará testimonio de nosotros desde los cielos, porque Él honra a los que le honran.

En Mateo 3:17: *"Y hubo una voz de los cielos, que decía: Este es mi Hijo amado, en quien tengo complacencia".*

El Padre desde el cielo, dio testimonio de su hijo, y con estas palabras manifestó, cuan orgulloso se sentía de Él. ¡Oh Dios mío! ¡Cuanto anhelo escuchar que digas esas mismas palabras de mí!.

Que Dios pueda decir de nosotros: *"Tú eres mi hijo amado. En ti tengo complacencia."*

Cuando logremos que nuestro padre celestial se sienta complacido. ¿Qué le pediremos que Él no nos lo dé? Jesús dijo a su Padre: en **San Juan 11:41-42:** *"Padre, gracias te doy por haberme oído. Yo sabía que siempre me oyes".*

El Padre siempre le contestó a su hijo, porque se sentía honrado por Él.

En San Juan 17:5 dice: *"Ahora pues, padre glorifícame tú al lado tuyo".*

Dios honra a los que le honran

Hay un momento en nuestra vida cristiana en que Dios se siente tan honrado que nos dice, ven, siéntate a mi lado y gobierna conmigo.

Esta experiencia la pudo tener el apóstol Pablo cuando dijo en **Efesios 2:6**: *"Juntamente con él nos resucitó, y asimismo nos hizo sentar en los lugares celestiales con Cristo Jesús"*.

El apóstol Pablo se veía sentado juntamente con Cristo Jesús en lugares celestiales, este lugar del que habla Pablo, es un lugar de gobierno, de autoridad, de señorío, que cuando sirves a Dios y Él aprueba tu ministerio, entonces el empieza a honrarte sentándote a su lado.

Otra personal que es digna de imitar es Samuel:

1Samuel 12:3-5: *Samuel dijo: aquí estoy; atestiguad contra mí delante de Jehová y delante de su ungido, si he tomado el buey de alguno, si he tomado el asno de alguno, si he calumniado a alguien, si he agraviado a alguno o si de alguien he tomado cohecho para segar mis ojos con él; y os lo restituiré. Entonces dijeron: nunca nos ha calumniado ni agraviado, ni has tomado algo de mano de ningún hombre. Y él les dijo: Jehová es testigo contra vosotros, y su ungido* *también es testigo en este día, que no habéis hallado cosa alguna en mi mano, y ellos respondieron: Así es".*

En estos pasajes vemos a Samuel, al final de su ministerio, llamando al pueblo para que le juzgaran, y le dijeran públicamente cual había sido su conducta y comportamiento delante de ellos. Me llamó la atención que ninguno pudo acusarlo. Samuel duró años juzgando y guiando al pueblo y nunca tomó soborno de nadie, nunca agravió, ni calumnió a alguien, nunca vendió el derecho del inocente, él dijo: *"aquí estoy, atestiguad contra mi delante de Jehová y delante de su ungido".*

Y en **1Samuel 12:4,** dice: *entonces ellos dijeron: "nunca nos has calumniado ni agraviado, ni has tomado algo de mano de ningún hombre".*

A esto yo llamo honra. Samuel fue uno de los hombres que aprendió a honrar a Dios con su testimonio.

¡Ayúdanos Señor a hacer como tu siervo Samuel, que nadie pudo acusarlo, ni señalarlo!

Por lo tanto, mi consejo es: Honra a Dios con tu vida, con tu testimonio, con tus obras, con tu boca, que los hombres puedan ver la luz que hay de Dios en ti, y glorifiquen a tu Padre Celestial.

Dios honra a los que le honran

Con nuestro servicio

San Juan 12:26, dice: *"Si alguno me sirve, sígame; y donde yo estuviere, allí también estará mi servidor. Si alguno me sirviere, mi padre le honrará".*

El servicio a Dios en nuestras vidas, nos traerá honra. Jesús dijo: *"si alguno me sirve, mi Padre le honrará."* Enfantizó *"mi Padre le honrará"* no el hombre, Él dijo mi Padre.

A veces queremos ser honrados por el hombre, y cuando esto, por alguna causa no sucede, nos sentimos mal y nos desanimamos y no queremos seguir trabajando para Dios. No está mal que seamos honrados por los hombres, Dios aprueba esto.

En **Romanos 13:7,** dice: *"Pagad a todos lo que debéis, al que tributo, tributo, al que impuesto, impuesto, al que respeto, respeto, al que honra, honra".*

Dios mismo nos dice en su Palabra que debemos honrar al que merece honra, que debemos respetar al que merece respeto, y que debemos de pagar al que le debemos estas cosas.

Hay momentos en que el hombre podrá pasar por alto tu trabajo en el Señor, y no honrarte de la manera que te mereces, pero no te desanimes, sigue trabajando, porque nuestro trabajo en el Señor no es en vano.

El Señor no dijo, si alguno me sirve, el pastor le honrará, o el evangelista le honrará, Él dijo: "mi Padre le honrará". Recuerda que tu servicio no es al hombre, sino a Dios. Cuando el concilio, o el ministerio, por alguna causa no te honren, Dios lo hará, sigue trabajando en el lugar donde Dios te ha puesto, sé fiel a tus líderes y espera en Dios, porque, sin duda, que la honra vendrá sobre tu vida.

Efesios 6:6-8 *"no sirviendo al ojo, como los que quieren agradar a los hombres, sino como siervos de Cristo, de corazón haciendo la voluntad de Dios; sirviendo de buena voluntad, como al Señor y no a los hombres, sabiendo que el bien que cada uno hiciere, ése recibirá del Señor, sea siervo o sea libre".*

Ese bien que cada uno recibirá del Señor, sea siervo o sea libre, es honra y este nivel de honra no debemos esperarlo de los hombres, ni demandarlo de ellos, este nivel de honra solo esta al acceso de aquellos que pueden honrar al Señor con su servicio.

Con nuestro tiempo

Una de las áreas que algunos creyentes no valoran es el tiempo. El tiempo que hemos prometido darle a Dios, en su casa de adoración, y en cualquier otro lugar que vayamos a hacer algo para Él.

Con el tiempo le decimos a Dios lo importante que es Él para nosotros. El tiempo es vida.

Cuántas personas no darían a la hora de su muerte, hasta miles de dólares para vivir una hora más. O cuántas personas no darían, miles o millones de dólares, para que una persona a la que aman se quedara más tiempo con ellos.

Así veo yo el tiempo y creo que, para Dios, el tiempo es importante. ¿Cuántas personas hoy en día están desperdiciando su tiempo?

Efesios 5:16: *"Aprovechando bien el tiempo porque los días son malos."*

• El Señor nos aconseja aprovechar bien el tiempo, Dios espera que seamos buenos administradores del tiempo que Él nos da. De cada día que Dios nos regala, debemos de sacar tiempo para Él.

• Dale a Dios tu mejor tiempo; el mejor tiempo son tus primeras horas del día, por tanto, empieza dándole a Él, la primicia de cada día.

> *Cada mañana, póstrate ante Él y dale tu mejor tiempo.*

David aprendió a buscar a Dios de mañana. El **Salmo 63:01** dice: *"Dios, Dios mío eres tú; de madrugada te buscaré, mi alma tiene sed de ti, mi carne te anhela"*.

Cuando queremos algo que es importante para nosotros, madrugamos a buscarlo, le dedicamos las primeras horas porque para nosotros es importante. Eso hacía David con Dios, él decía, Dios es lo primero, Dios es lo más importante para mí, Él se merece el mejor lugar en mi vida. Él se merece la primicia de mi tiempo.

> *Honra a Dios con tu tiempo, llegando temprano a su casa para alabarlo y bendecirlo, y verás como Él se levantará a pelear tus batallas.*

Cuando hacemos esto, los más beneficiados somos nosotros, porque ese día empezamos con alguien a nuestro lado que no nos dejará durante todo el resto del día, porque empezamos con Él.

David dijo: *"mi alma tiene sed de ti"*, se necesita tener sed de Dios para hacer esto, porque el Espíritu quiere, pero la carne es débil. Para buscar a Dios de mañana, en oración, se necesita tener sed y hambre por su presencia.

• Cada día necesitamos tomar agua para poder vivir, porque el cuerpo la necesita. Así es tu ser espiritual, hay un alma dentro de ti que necesita ser saciada cada día, y esa agua que necesita tu alma, solo la encuentras en Dios. David dijo *"mi alma tiene sed de ti, de madrugada te buscaré"*. *"De madrugada"*, esto es una búsqueda continua de su presencia. David aprendió a buscar la presencia de Dios cada mañana, aprendió a darle a Dios la primicia de su vida, y de su tiempo.

Salmos 5:3, dice: *"Oh, Jehová, de mañana me presentaré delante de ti, y esperaré"*.

Salmo 88:13, dice: *"Mas yo a ti he clamado, oh Jehová, y de mañana mi oración se presentará delante de ti"*.

Salmo 119:147, dice: *"Me anticipé al alba, y clamé; Esperé en tu Palabra"*.

Nuestro compromiso con el tiempo en la casa de Dios

Cada Iglesia tiene un horario de servicio a Dios, donde hemos fijado un horario para reunirnos a adorarle, y aprender más de su Palabra y compartir con nuestros hermanos en la fe.

Yo soy de los que creo, que aquí empieza nuestra fidelidad a Dios, con la llegada a su casa a tiempo, para reunirnos con Él y adorarle. Personalmente veo este acto como un compromiso hacia Dios, de llegar a tiempo a su casa para adorarle y oír su Palabra.

Es una falta de compromiso llegar tarde a su casa, lo mismo sería con algún trabajo; en la mayoría de las iglesias, la primera parte que le damos a Dios, es el tiempo de alabanza y adoración.

La adoración abre el camino a su presencia, la adoración es como un imán que atrae la presencia de Dios a un lugar, aunque Su presencia llena toda la tierra, pero se trata de su presencia manifiesta, Dios está en todo lugar, pero no se manifiesta en todo lugar.

Cuando su presencia se manifiesta en un lugar: hay sanidad, salvación y liberación. Esto no ocurre en todo lugar, solo donde es invocado su Nombre.

Llegar temprano a la casa del Señor y participar de este tiempo tan importante, como lo es la alabanza y la adoración, te abrirá los cielos.

Cuando honras a Dios con tu alabanza y con tu adoración y logras que la reciba, puedes estar seguro

Dios honra a los que le honran

que en medio de tus batallas, que en medio de tus problemas, Él estará contigo para ayudarte.

Josafat, el rey de Judá, aprendió a alabar a Jehová en medio de sus batallas y vio como El derrotó a todos sus enemigos (2Crónicas 20:1-30).

Capítulo VI
Dios me ha honrado

Cuando el Señor me llamó al ministerio pastoral, me encontraba laborando en una empresa de bienes raíces. Tenía un equipo de hombres y mujeres que trabajaban conmigo.

En ese entonces, me iba muy bien en esa empresa. Era gerente y trabajaba para Dios en el ministerio a medio tiempo. Dios me honró con el llamado que me hizo y el ministerio empezó a crecer.

Empezó a traer a mi lado las personas que me ayudarían para que el ministerio creciera. Al primero que Dios puso a mi lado fue a Diego Martínez Murray, quien hoy es el co-pastor de nuestra Iglesia. Abrió las puertas de su casa para que este ministerio comenzara. Bendigo al Señor por su vida.

Hubo un momento en mi ministerio, en que Dios me habló y me dijo: *"**dedícate a tiempo completo, deja*** *ese trabajo, y trabaja para mí, que yo me encargaré de todo lo que tú necesitas".*

Para mí no fue una decisión fácil, porque yo tenía cinco años trabajando para esa empresa. En esos cinco años Dios me había honrado, empecé como vendedor, después me hicieron supervisor, y luego alcancé la posición de gerente de venta.

Ahora, el que me había dado el trabajo y me había honrado con él, me lo estaba pidiendo. Era como Dios diciéndome: *"sacrifícame a Isaac, Yo te di ese trabajo y Yo te lo estoy pidiendo".* En ese entonces hice como Gedeón, le pedí confirmación a Dios y Él me la dió.

Decidí dejar el trabajo para dedicarme al ministerio y entonces pude ver un mayor crecimiento, la unción fue activada y la revelación fue mucho más profunda. Dios empezó a hacer milagros extraordinarios, a usar nuestro ministerio para sanar el cáncer, sida, empezó a plastificar muelas, a crear testículos, a alargar piernas, mujeres estériles a dar a luz, hacer milagros financieros sorprendentes, de tal manera que el templo que le construimos al Señor, nos permitió hacerlo en diez meses, con capacidad para mil personas. La gloria y la honra sean para ti, Señor Jesús.

Llevo sirviendo al Señor a tiempo completo, casi ocho años y nunca me ha fallado, porque Él es fiel.

Dios honra a los que le honran

En **Apocalipsis 3:14** : Jesucristo se presenta a su iglesia, a su pueblo, como el fiel y verdadero. Soy testigo de su fidelidad, Él es verdadero, no falla, porque en Él no hay fracaso, y si te llamó, si te envió, reposa, descansa, porque no te dejará solo, estará contigo como Poderoso gigante.

Soy de los que creen que lo grande de Dios está por verse. Este es el comienzo de lo que Él hará con nosotros. En **Juan 1:50,** Jesús le dijo a Natanael: *"Porque te vi debajo de la higuera, crees? Cosas mayores que estas verás."*

"Cosas mayores que estas verás". Creo que esas palabras son para ti y para mí.

No sé lo que hasta ahora has visto, y lo que Dios ha hecho contigo, pero estos son tiempos de ver cosas mayores en nuestras vidas.

Capítulo VII
El Diezmo

La palabra diezmo nace de la palabra hebrea "maasér" o "maasrah", según Strong H4643, que se traduce diezmo, o décima parte. El diezmo es la décima parte de nuestros ingresos.

La primera vez que aparece la palabra diezmo en la Biblia es en el libro de **Génesis 14:20**: *"y le dio Abraham los diezmos de todo"*.

El primer hombre que aparece en la Biblia entregando sus diezmos al Señor, es Abraham el padre de la fe, un hombre a quien Dios escogió para levantar de él una descendencia como las estrellas del cielo.

Abraham es el hombre a quien Dios le dijo: "en ti serán benditas todas las naciones de la tierra, y tú serás llamado padre de multitudes". La Biblia llama a este hombre: Padre de la fe. **Gálatas 3:7**: *"por tanto, los que son de fe, estos son hijos de Abraham"*.

Gálatas 3:9, dice: *"De modo que los de la fe son bendecidos con el creyente Abraham".*

Abraham fue el primer patriarca que Dios escogió y de quien saldría el libertador y salvador del mundo. A este hombre es que Dios le dice: *"en ti serán benditas todas las naciones de la tierra".* **Gálatas 3:8**

Esta promesa se cumplió en Jesucristo, el hijo de Dios y descendiente de Abraham.

Según las escrituras ¿Quién recibió los diezmos por primera vez? La primera persona que lo recibió fue Melquisedec.

Vamos a ver quién es este personaje.

La primera vez que Melquisedec aparece en la Biblia, es en el libro de **Génesis 14:18-20,** dice: *"Entonces Melquisedec, Rey de Salem y sacerdote del Dios altísimo, sacó pan y vino: Y le bendijo, diciendo: Bendito sea Abraham del Dios altísimo, creador de los cielos y la tierra; Bendito sea el Dios altísimo, que entregó tus enemigos en tus manos, y le dio Abraham los diezmos de todo".*

La primera persona que recibió los diezmos de mano de un hombre fue Melquisedec. El nombre Melquisedec significa: Mi rey es justo o legítimo, Rey de Justicia, Rey de Paz. (Hebreos 7:2).

Génesis 14:18 dice que *"Melquisedec era rey de Salem y sacerdote del Dios Altísimo".*

El libro de los Hebreos nos da más luz de quien es esta persona. Se habla de este rey y sacerdote, y a quien Abraham entregó los diezmos de todo.

Hebreos 7:1-4, dice: *"Porque este Melquisedec, rey de Salem, sacerdote del Dios Altísimo, que salió a recibir a Abraham que volvía de la derrota de los reyes, y le bendijo, a quien asimismo dio Abraham los diezmos de todo; cuyo nombre significa primeramente Rey de justicia, y también Rey de Salem, esto es, Rey de paz; sin padre, sin madre, sin genealogía; que ni tiene principio de días, ni fin de vida, sino hecho semejante al Hijo de Dios, permanece sacerdote para siempre. Considerad, pues, cuán grande era éste, a quien aún Abraham el patriarca dio diezmos del botín".*

Características de Melquisedec.

1- Rey de Salem.

2- Sacerdote del Dios Altísimo.

3- Rey de justicia.

4- Rey de paz.

5- Sin padre, sin madre, sin genealogía.

6- No tiene principio de días, ni fin de vida.

7- Hecho semejante al hijo de Dios.

8- Permanece sacerdote para siempre.

Las características de este rey y sacerdote, solamente las tiene Jesucristo.

Melquisedec es una tipología de Jesucristo, que tomó forma humana para encontrarse con Abraham para bendecirlo y tomar de él los diezmos.

Este personaje no es humano: porque ningún hombre sobre esta tierra puede tener estas características. Esta persona no tiene padre, ni madre, ni genealogía, no tiene principio de días, ni fin de vida y es hecho semejante al hijo de Dios. La palabra semejante, según Stron G3664, viene de jomoios que significa: parecido, semejante, y tiene que ver con capacidad, condición y naturaleza, de manera que Melquisedec era semejante al hijo de Dios. ¿Quién es el hijo de Dios según las Escrituras? Jesucristo es el hijo de Dios.

Nombres o títulos de nuestro Señor Jesucristo:

1- Príncipe de paz (Isaías 9:6)

2- Hijo de Dios (Lucas 1:35)

3- Sumo Sacerdote (Hebreos 2:17)

4- Enmanuel (Dios con nosotros) (Mateo 1:23)

5- Rey de reyes y Señor de señores (1 Timoteo 6:15; Apocalipsis 19:16)

6- Alfa y Omega (principio y fin) (Apocalipsis 1:8)

7- El Todopoderoso (Apocalipsis 1:8)

Jesucristo es el único que reúne todas las características de Melquisedec.

El Señor fue el primero en recibir los diezmos de las manos de un hombre, el Señor descendió en forma humana para hacer un pacto con Abraham.

Génesis 14:18 dice que *"Melquisedec rey de Salem y sacerdote del Dios Altísimo, sacó pan y vino"*.

"Pan y Vino".

¿Qué significado tienen el pan y el vino para nosotros? El pan y el vino fueron los símbolos del pacto que Jesucristo hizo con la Iglesia.

Lucas 22:17-20: *"Habiendo tomado la copa, dio gracia, y dijo: Tomad esto, y repartirlo entre vosotros. Porque os digo que no beberé más del fruto de la vid, hasta que el reino de Dios venga. Y tomó el pan y dio gracias, y lo partió y les dio, diciendo: Esto es mi cuerpo, que por vosotros es dado, haced esto en memoria de mí. De igual manera, después que hubo cenado, tomó la copa diciendo, esta copa es el nuevo pacto en mi sangre, que por vosotros se derrama"*.

El pan representa para la Iglesia del Señor, su cuerpo que fue entregado por nosotros, y el vino, representa su sangre derramada en la cruz del calvario para perdón de nuestros pecados, así como Melquisedec le dio a

Abraham el pan y el vino y Abraham le entregó los diezmos de todo, así también nuestro Señor Jesucristo nos entregó el pan que representa su cuerpo y el vino que representa su sangre, y nosotros, como una acción de gratitud, le entregamos los diezmos como lo hizo Abraham.

Algunos no diezman, porque piensan que el diezmo era de la ley. Cuando Abraham dio sus diezmos al Señor, la Ley todavía no existía, porque la ley, Dios la trajo a través de Moisés y todavía Moisés no había nacido, así que los diezmos no son de la ley.

Lo que Dios hizo con los diezmos en el tiempo de Moisés, fue que lo instituyó por Ley, para que todos tuvieran que hacerlo como una honra al Señor.

¿Quién le enseñó a Abraham que había que diezmar? ¿Quién se lo enseñó a Jacob?: si Moisés ni siquiera había nacido, el único que pudo haberle puesto este deseo a Abraham de diezmar fue Dios, porque Él es quien produce en nosotros el querer, como el hacer.

Los diezmos son el resultado de un corazón agradecido, en donde reconocemos que todo lo que tenemos es de Dios, y de lo recibido de sus manos le damos.

Melquisedec le dijo a Abraham en **Génesis 14:19-20:** *"Bendito seas Abraham del Dios Altísimo, creador de los cielos y de la tierra; y bendito sea el Dios Altísimo, que entregó tus enemigos en tus manos".*

Dios honra a los que le honran

Lo que Melquisedec le está diciendo a Abraham es que la victoria que tuvo al derrotar a estos reyes, no fue por su fuerza, ni por su sabiduría. No fue por las personas que fueron con él a pelear. Melquisedec le dijo: El Dios Altísimo entregó tus enemigos en tus manos.

Melquisedec lo que le está diciendo a Abraham es: tú ganaste esta guerra porque Dios te ayudó, Él estaba peleando a tu favor, Él fue quien derrotó a todos tus enemigos; y yo creo que Abraham entendió el mensaje de Melquisedec.

"El Dios Altísimo entregó en tus manos a tus enemigos" y Abraham, en una actitud de agradecimiento a Dios, le entregó los diezmos de todo a Melquisedec sacerdote del Dios Altísimo.

Los diezmos son un acto de agradecimiento a Dios, y una honra al Señor. Los diezmos son el medio que Dios ha establecido para que su obra avance sobre la tierra. Para que no falte alimento en su casa, para sustento de sus ministros y sacerdotes del altar.

1Pedro 2:09 dice: *"Más vosotros soy linaje escogido, real sacerdocio, nación santa, pueblo adquirido por Dios, para que anuncies las virtudes de aquel que os llamó de las tinieblas a su luz admirable".*

- Los diezmos fueron instituidos por Dios para que su obra no tenga que depender de ningún gobierno, ni de donaciones, porque Dios no está quebrado, ni necesita que se le ayude para que Su obra pueda seguir creciendo y avanzando sobre la tierra.

• Sus pastores no tengan que estar mendigando para permanecer en el ministerio.

• Los pastores no tengan que estar vendiendo jugos, pastelitos, arepa, bonos, etc. para construir templos al Señor. Porque Él dijo: *"Yo Soy Jehová Jireh, el Dios que suple, el Dios que provee todas las cosas."*

El engaño de las riquezas:

Marcos 4:19, dice: *"pero los afanes de este siglo, y el engaño de las riquezas, las codicias de otras cosas, entran y ahogan la palabra, y se hace infructuosa".*

Mateo 6:24, dice: *"ninguno puede servir a dos señores; porque o aborrecerá al uno y amará al otro, o estimará al uno y menospreciará al otro, no podéis servir a Dios y a las riquezas".*

1Timoteo 6:9-10, dice: *"porque los que quieren enriquecerse caen en tentación y lazo, y en muchas codicias necias y dañosas, que hunden a los hombres en destrucción y perdición. Porque raíz de todos los males es el amor al dinero, el cual codiciando algunos, se extraviaron de la fe y fueron traspasados de muchos dolores".*

Dios honra a los que le honran

Proverbio 23:4-5, dice: *"no te afanes por hacerte rico: se prudente, y desiste. ¿Has de poner tus ojos en las riquezas, siendo ninguna? porque se harán alas como alas de águilas, y volaran al cielo".*

Cuando leemos estos pasajes nos damos cuenta que es muy peligroso ser rico ¡Cuán peligroso es tener riquezas! Jesús dijo que las riquezas son un engaño y que muchos creyentes son engañados por ellas. También dijo: que muchos creyentes no crecen, se secan y mueren por causa de las riquezas, porque el afán por las riquezas los engaña.

Entonces surge una pregunta: ¿Haría usted negocio con alguien que sabe que lo quiere engañar? Porque Jesús dijo que las riquezas de este siglo engañan a muchos creyentes y por eso advirtió: ***"que nadie os engañe".***

Entonces entendemos que: Las riquezas son un mal necesario, porque sin dinero, no podemos comprar alimento, vestido, casa, carro. Sin dinero no podríamos tener templos y cubrir los gastos que conlleva tener un templo abierto. Sin dinero, no podríamos expandir el evangelio y ayudar al necesitado.

Entonces ¿Cómo podríamos tener riquezas y no perdernos?

1Timoteo 6:9-10 los que quieren enriquecerse:

1) Caen en tentación.

2) Caen en lazo.

3) Caen en codicias necias y engaños.

4) Se extravían de la fe.

5) Atraviesan o enfrentan muchos dolores.

Jesús también habló de las riquezas y dijo, que la riqueza es un señor.

La palabra señor es:

1) Dueño, amo, uno que está por encima.

2) Persona para la que se trabaja.

3) La palabra señor: según Strong G2962, viene de Kurios que se traduce como aquel que posee poder, amo, dueño, señor. Es el dueño de una cosa o quien tiene poder y dominio sobre ella.

Jesús dijo: *"No podemos servir a dos señores, porque amarás al uno y aborrecerás al otro, no podéis servir a Dios y a las riquezas".*

Algunos dirían: "Pastor yo no tengo ese problema, porque yo no soy rico. Es posible que no tengas ese problema, pero quiero decirte que el afán por el dinero, el afán por las riquezas, no solo ataca a los ricos, sino también, ataca a los pobres."

Porque ¿Quién me podría decir que no quiere tener dinero y riquezas en esta tierra?

Ahora la pregunta sería: ¿Cómo puedo tener riqueza y no perderme? ¿Cómo puedo librarme de caer en avaricia? Jesús dijo: "Donde esté vuestro tesoro, allí estará también vuestro corazón".

Mateo 6:19-21, dice: *"No os hagáis tesoros en la tierra, donde la polilla y el orín corrompen, y donde ladrones minan y hurtan; sino haceos tesoros en el cielo, donde ni la polilla ni el orín corrompen, y donde ladrones no minan ni hurtan. Porque donde esté vuestro tesoro, allí estará también vuestro corazón".*

¿Cómo hombres ricos como Abraham, Isaac, Jacob, José, David, Salomón, lograron salvarse? ¿Qué hicieron ellos para que las riquezas no los engañaran?

El secreto está en honrar a Dios con tus bienes, a través de los diezmos y las ofrendas. He entendido que los diezmos y las ofrendas libran al hombre de caer en avaricia. En las Escrituras los diezmos y ofrendas representan las primicias de nuestras vidas al Señor.

El Señor le dijo a su pueblo, me darás las primicias de tu tierra, la primicia de tus animales, la primicia de tus hijos, porque todo primogénito es mío, dice el Señor.

Éxodo 13:2, Números 3:13, Levítico 23:10

Dios quiere lo primero y lo mejor en nuestras vidas.

Los diezmos son primicias al Señor.

Las ofrendas son primicias.

Proverbios 3:9-10: *"Honra a Jehová con tus bienes, y con las primicias de todos tus frutos; Y serán llenos tus graneros con abundancia, y tus lagares rebosarán de mosto".*

El señor dinero hará que muchas personas sean engañadas, y se perderán, porque caerán en avaricias. Nosotros como creyentes, tenemos la responsabilidad de colocar a Dios por encima del dinero y reconocerlo no solo como nuestro Savaldor, sino también como nuestro Señor.

Si este libro ha sido de bendición para usted, por favor me gustaría saberlo. Escríbanos por correo accesando a nuestra página web. pastorernestocuevas@gmail.com

Ministerio "A Él sea la gloria"

*Santo Domingo, República Dominicana
Tel.: 829-435-8575 / Cel.: 809-847-5188*

Este libro **"Dios honra a los que le honran"** *del Pastor Ernesto Cuevas, se terminó de imprimir en el mes de Junio de 2018, en los talleres gráficos de Editora Centenario, S.R.L.*

Made in the USA
Middletown, DE
13 May 2025

75374731R00081